동북아시아
바위그림 연구

복기대 지음

동북아시아 바위그림 연구

지은이 | 복기대
펴낸이 | 최병식
펴낸날 | 2016년 11월 27일
펴낸곳 | 주류성출판사 www.juluesung.co.kr
　　　　서울특별시 서초구 강남대로 435 주류성빌딩 15층
　　　　TEL | 02-3481-1024(대표전화)·FAX | 02-3482-0656
　　　　e-mail | juluesung@daum.net

값 16,000원
잘못된 책은 교환해 드립니다.
ISBN 978-89-6246-305-7　93910

이 저서는 2012년 정부재원(교육부 학술연구지원사업비)으로 한국학중앙연구원 지원에 의하여 연구
되었음(AKS-2010-AGC-2101)

동북아시아
바위그림 연구

복기대 지음

목차

들어가며

　글쓴이의 전공영역은 고조선고고학이고 주로 연구하는 지역은 사료에 기록된 고조선영역인 남만주일대이다. 고조선 생활에 관한 사료들이 많지 않은 환경에서 고고학적인 자료를 활용하여 생활사를 연구하기 위하여 고고학영역을 선택한 것이다. 이 고고학분야를 연구하는 과정에서 처음 바위그림을 접하였는데 그것은 내몽고 적봉시 삼좌점 유적을 답사하면서 부터이다. 이때부터 관심을 있었지만 바위그림과 고고학은 다른 영역이라 생각하여 단순하게 그 시대의 한 예술행위로 생각하고 지나쳤던 것이다 (그것은 바위그림 중 간혹 별자리를 새겨 놓은 것도 있다는 것이었다). 그러던 어느 날 한국 천문연구원의 양홍진 박사와 답사를 하는 과정에서 바위그림에 대한 전혀 새로운 의미를 알게 되었다. 그럼에도 불구하고 시간 관계상 바위그림에 관한 것은 늘 지나쳤는데, 우연한 기회에 당시 한국 국립박물관장이었던 최광식 관장님과 1주일을 함께 답사하는 과정에서 또 다시 바위그림에 대한 연구의 중요성과 연구과정에 대해 설명을 들었다. 그 후 중국을 답사하면서 조금씩 머릿속에 넣기도 하고, 직접조사도 진행하여 바위그림 관련 자료를 조금씩 축적을 해두었다. 그리고 언젠가는 자료집으로 묶어서 한국학계에 소개를 해야겠다는 생각을 하게 되었다. 왜냐하면 한국상고사를 연구하는데 도움이 될 수 있다는 판단이 섰기 때문이다. 또 다른 하나는 이 연구영역은 별도의 학문적인 기반이 있어야 한다는 것을 알게 되었기 때문이었는데, 다시 새로운 분야를 공부하는 것이 여러 가지 부담이 되었던 것이다. 그러므로 자료집 형태를 기반으로 하여 필자의 의견을 붙이는 형태의 자료집을 내기로 하였다. 뿐만 아니라 한국에서 만주지역의 바위그림 연구현황을 조사해 보았는데, 그 결과 한국학계에서는 남만주지역 바위그림에 관한 자료들이 거의 소개되지 않았다는 것을 알게 되었다. 이런 학계의 상황은 국내에 남만주지역의 문화와 한반도지역 문화를 연결시켜 연구하는데 큰 어려움을 줄 수 있다고 생각하여 그동안에 모아둔 남만주지역의 자료들을 엮어 소개하기로 하였다.

그러나 마음과는 달리 바위그림 분야는 그간의 연구분야와 전혀 다른 분야라 이 자료, 저 자료를 정리하는데 어려움이 많았다. 중국에서도 종합적으로 정리된 자료가 많지 않은 것을 알 수 있었다. 오히려 한국 쪽이 훨씬 더 잘 정리 및 연구되고 있다는 것을 알 수 있었다. 이런 한국학계의 연구성과에 중국학계의 자료를 조금만 정리를 해준다면 동북아시아 바위그림 연구에 한국학자들이 주도할 수 있다는 생각을 하게 되었다.

이런 바램으로 이 자료를 간단하게 정리하여 소개한다. 앞에서도 말했듯이 본인은 전문 바위그림 연구자가 아니다. 그러므로 아는 상식으로 주변의 의견을 들어가면서 정리한 자료들이다.

본인은 바위그림에 대하여 잘 알지 못한다. 그래서 고인돌과 성혈관계는 우장문박사님께 이것저것 많은 것을 물어보면서 자료를 정리하였다. 이 자리를 빌어 고맙다는 말씀을 전한다.

그리고 전문사진 작가인 전성영선생님께 고마운 말씀을 전한다. 과거에는 고고학이나 인류학 논문을 쓸 때 주로 문헌기록과 조사자료, 혹은 발굴 자료를 활용하였다. 이 과정에서 사진자료를 많이 활용을 하였는데 필자 역시 마찬가지였다. 그런데 이 사진자료의 중요성을 모르고 지나친 경우가 많았다. 최근 글쓴이는 이런저런 논문을 검토해가며 하나 깨달은 것은 논문에서 글의 서술도 중요하지만 사진자료 역시 글의 서술만큼이나 중요하다는 것을 알게 되었다. 사진 한 장으로 설명이 가능하다는 것이다. 즉 논문의 반이 사진의 시각적인 결과인 셈이다. 그래서 사진을 찍을 때도 조심하고 논문에서 사진자료를 활용할 때 최대한 최고 수준의 사진을 활용한다. 그렇지만 사진 전문가가 찍은 것과는 큰 차이가 있다는 것을 알게 되었고, 그 뒤로는 가급적 전문가가 찍은 사진을 활용하고 있다. 이번 책에서도 적지 않은 사진 자료를 활용하였는데, 필자가 찍은 것도 있지만 전문 역사사진작가인 전성영선생의 작품을 많이 활용하였다. 이 자리를 빌어 다시 한번 고맙다는 말을 전한다. 한편으로 앞으로 논문을 쓸 때 필자가 아닌 전문가의 사진이 일정비율이상이 들어간다면 공저자로 해줘야 하지 않나 하는 생각도 해봤다. 이 자료를 정리하는 과정에서 중국 장춘사범대학교 판박성 교수의 도움이 컸다. 그리고 한국에서는 인하대학교 대학원 융합고고학전공의 김영섭 선생의 도움이 컸고, 고조선연구소에서 일하는 대학원 융합고고학 전공의 김기백 군의 도움이 있었다. 도와주신 분들께 감사를 드린다. 아울러 이 책이 나오는데 물심양면으로 노력해주신 주류성출판사의 최병식 사장님, 이준 이사님, 그리고 주류성 출판사의 전 직원들께 감사드린다.

머리말

바위그림이라는 말의 정의는 돌에 그림을 그리거나, 새기거나 혹은 구멍을 뚫은 것을 말한다. 이 바위그림은 그 시작이 언제인지 모르지만 지금은 세계 곳곳에서 아주 오래전부터 있었다는 흔적들이 곳곳에 발견되고 있다. 최근 이런 흔적들을 비교·연구한 결과, 바위그림의 시작은 지금으로부터 29만 년 전부터는 존재했다는 것을 알게 되었다. 이렇게 시작은 일렀어도 다양한 형태의 바위그림이 그려지기 시작한 것은 지금부터 약 3만 년 전후한 시기부터로 다양한 의사표시와 함께 다양한 주제의 바위그림을 그리기 시작한 것으로 보인다.

이런 그림을 왜 시작하였는지 구체적으로 알 수는 없지만 바위그림이 시작된 초기에는 바위에 그림을 그리면 사람들의 어떤 생각을 표현하고, 이 표현이 훼손되지 않고 오래 전달 될 수 있다는 것을 알았던 것 같다. 즉 의사표시 수단 중 바위그림이 많이 남아 있는 것은 인공적으로 훼손되지 않는 한 남아 있는 것을 보면 알 수 있다. 바위그림은 그 특성상 바위를 밑바탕으로 하는 것이라 판이 넓은 바위지역이 있어야만 가능한 것이다. 뿐만 아니라 그런 지역이 있다하더라도 꼭 거기에 할 수밖에 없는 상황이어야만 한다는 것이다. 왜냐하면 바위에 뭔가를 새기는 작업은 매우 어려운 과정 이다. 그렇기 때문에 아무리 좋은 바위판이 있다하더라도 황토판이 널려 있 고, 나무판이 널려 있다면 굳이 돌에 뭔가를 새길 필요성은 현저히 줄어든 다. 그러므로 반드시 바위판에 수고를 해야 할 기본적인 여건이 돼야 한다 는 것이다.

예를 들면, 나무가 잘 자라는 열대나 아열대기후에서는 나무에 많은 것 을 기록하였을 것이다. 나무가 많지 않은 지역 중 황토가 발달된 지역에서 는 흙판에 많은 기록들을 했을 것인데 그 대표적인 예로, 황하유역은 고운 황토가 많아 이를 활용하여 많은 기물들을 만들었던 것이고 초기에는 이 황토판에 의미를 새기기도 했을 것이다.[1] 그러나 황토판의 약점은 쉽게 부 서진다는데 있고, 또 물을 머금으면 역시 쉽게 부스러진다는 약점이 있다. 이런 황토판의 약점을 극복하는 과정에서 거북등이나 짐승의 뼈에 글을 새 기기 시작하였을 것이다.

이런 구조로 본다면 바위그림은 대부분이 나무도 많지 않고, 황토층도 고루 발달되지는 않았기 때문에 자연적인 암벽을 이용하여 의사표시를 했 을 것이다. 이런 가능성은 바위에 새겨 놓으면 바위가 깨지지 않거나 엄청 힘을 들여 훼손하지 않으면 매우 오랫동안 전해질 수 있고, 많은 사람들이 이 그림을 보고 방향을 찾는다거나 그 지역에 사람들이 살았었거나 살고 있다는 것을 알 수 있었다 이런 기본적인 필요성은 세월이 흐르면서 단순

---

1) 글쓴이는 중국 사상의 시원을 설명하는데 있어서 은유적인 표현인 하도낙서(河圖洛書)를 설 명하는 과정에서 하도는 황하에서 채취한 진흙판에 그림을 새겨서 의사표시를 한 것이고, 낙 서는 갑골문을 이른것이라는 견해를 종종제기하곤 했다.

히 의사를 전달하는 과정으로 넘어서서 기록의 대체제가 생기면서 종교적인 의미나 기념물적인 표현의 영역으로 발전되는 결과로 귀납되었다. 즉 어떤 의미에서 마애불을 만들었고, 근대 이전에 권력이나 돈이 많은 사람들이 할 수 있었던 석비도 한 가능성이고, 현대의 기념물 역시 이 태고적 바위그림의 연속일 수도 있다.

또 다른 하나는 자연적인 형태를 활용하여 주술적인 의미를 함께 부여하는 의미인 것이다. 즉 바위그림에 구멍을 파서 천문 현상을 파악하거나 다산의 의미를 부여하는 것도 있을 것이다. 최근에 중국에서 발견된 거북바위 성혈에서 볼 수 있는 현상들이다. 이런 바위그림의 정의를 볼 때 한국에서 바위그림이 발견되거나 연구된 것은 매우 오래되었다. 그 대표적인 것으로 마애불상이 있으며 또한 비석 같은 경우도 기초적인 분류로 볼 때 바위그림이 발전한 형태에 속한다고 볼 수 있다. 이렇게 볼때 바위를 활용한 기록들은 아주 오래전부터 전해져 내려오는 것도 있고, 또 최근에 만들어지기도 한다는 것을 알 수 있다. 이렇게 돌에 무언가를 새긴 것은 새긴 사람이나 이를 의뢰한 사람들이 무엇인가 바람을 갖고 새긴 것으로 당시 문화로 볼 때는 중대한 의사표시였던 것이다. 그럼에도 불구하고 이 바위그림들에 대한 평가는 주로 예술품, 혹은 종교적인 예배의 대상이나 내세를 구하는 염원을 표시한 것으로 생각하였다.[2]

그러다가 1970년대 고령(高靈) 양전리(良田裏)와 울산(蔚山) 반구대(盤龜臺)와 천전리(川前裏)에서 바위그림이 발견되면서 전혀 새로운 각도에서 이 그림들을 생각하기 시작하였다. 그것은 그동안의 지식으로 이해가 되지 않

---

2) 주로 미술사 영역에서 그런 평가를 많이 하였는데, 이런 평가는 전 세계적인 현상이었다. 한국의 바위그림에서 가장 높은 비율을 차지하고 있는 분야는 마애불을 위시로 한 불교미술이 많다.

는 그림들이 발견되면서 그간의 마애불이나 금석문을 연구하는 영역과는 다른 연구영역으로 인식하면서 이 영역을 '암각화' 영역으로 분류하여 고고학적인 영역과 인류학적인 영역에서 연구를 시작하게 되었다.

이렇게 새롭게 늘어난 바위그림 연구영역은 기존의 바위그림들과는 달리 한국 선사시대를 이해하기 위한 한 분야로 연구가 진행되고 있다. 그러므로 현재 한국의 바위그림 연구의 대상은 주로 선사시대 것을 대상으로 하고 있어 마애불이나 비석에 새겨진 것들과 분리하여 연구를 하게 된 것이다.

이렇게 연구 영역이 나눠지면서 바위그림들에 대한 연구를 진행하기 시작하였는데, 지금은 많은 연구자들이 배출되었고 이 연구자들은 연구의 지평을 만주지역(滿州地域)으로 더 멀리는 몽골초원(蒙古草原)으로 넓혀 가고 있는 중이다. 그러면서 바위그림의 특성상 한민족문화와 깊은 관련이 있는 것으로 생각하고 연구를 하는 경향도 생겼다. 물론 이런 현상은 전 세계가 모두 바위그림 연구과정에서 겪는 경험들이었을 것이다. 한국 학계에서 만주지역 바위그림에 대한 관심을 갖게 된 원인은 만주지역과 한반도지역의 바위그림의 유사성을 찾기 위한 목적이 가장 컸다. 그렇다면 남만주지역 바위그림 연구 현황은 어떨까 하는 것이다.

중국에서 바위그림이 발견되고 관심을 갖게 된 시기인 1920년대는 이 시기는 중국고고학의 태동기였다. 이때 처음 발견은 되었지만 바위그림이 본격적인 연구가 진행된 것은 1970년대이다. 그후 90년대 들어 장족의 발전이 있었다.

지금까지 중국 동북방에서 발견된 바위그림을 보면 주로 내몽고(內蒙古) 적봉지역(赤峰地域)과 남만주지역(南滿洲地域)에서 발견되는 것을 볼 수 있다. 이런 현상들이 왜 일어날까 하는 것이다.

즉 내몽고 적봉지역의 초기 신석기문화인 소하서문화(小河西文化), 흥륭와문화(興隆窪文化), 그리고 하가점하층문화(夏家店下層文化)와 요동지역(遼東地區)의 신락하층문화(新樂下層文化)와 소주산문화(小珠山文化) 등과 같이 집단거주를 해가면서 살았던 사람들의 삶의 현장에 가까이 다가섰다. 이런 방법은 그동안 바위그림은 별개의 사람의 행위로 생각했던 것을 탈피하여 하나의 문화를 이루는 요소로 고려하기 시작한 것이다. 이런 연구방법은 바위그림이 인류학적인 측면에서 고려할 수 있는 방향이라 생각한다. 아직 갈 길이 먼 상태이다.

앞서 말한바와 같이 중국에서 바위그림연구가 본격적으로 시작된 것은 1970년대이다. 이는 한국과 비슷한 연대이다. 70년대 본격적인 연구를 시작하였지만 연구자들이 많지 않기 때문에 많은 연구가 진행된 것은 아니다. 그러나 기본적인 조사는 많이 진행을 하였다. 그러므로 중국 동북지역 바위그림을 이해하기 위해서는 먼저 전체 남만주지역의 고대문화를 이해하고, 이를 바탕으로 바위그림에 대한 이해가 필요하며, 그동안 이 분야의 연구가 어떻게 진행되었는지에 대한 연구사의 이해가 필요하다고 본다. 먼저 연구사를 간단하게 정리한 다음 각론으로 들어가도록 하겠다.

이 책의 중심은 남만주 지역의 바위그림이지만 이 지역의 바위그림 이해를 위해 북으로는 몽골지역, 남으로는 한반도 지역, 그리고 바다 건너 일본 큐슈지역의 바위그림 일부도 소개를 하였다.

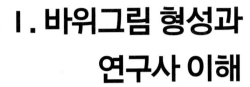

Ⅰ. 바위그림 형성과
연구사 이해

1. 바위그림 형성과 관련하여

필자는 얼마 전 몽골에서 발굴을 하다가 발굴에 참여하였던 한 교수가 현장에서 바위그림을 새기는 장면을 보았다. 그는 발굴 현장에서 발굴단의 모든 잡일을 맡아 해결해주던 그의 형이 지병이 도져 죽음에 이르자 그의 형을 기리기 위하여 발굴한 유적에 돌을 하나 세우고 쇠망치와 날카로운 쇠 꼬챙이로 한나절 정도로 툭툭 쪼아내더니 형을 기리는 바위그림 기념비를 세웠다.[3] 연장이 좋으니 참 간단하게 그림을 새기는구나하는 생각이 들었다. 이렇듯 바위에 그림을 새기는 것은 어려운 일이 아니다. 다만 바위를 쪼을 수 있는 연장이 있을 때 가능한 일이라 생각한다. 그러나 선사시대에는 거의 돌로 돌을 쪼아내는 방식으로 그림을 새겼을 것이다. 그러기 위해서는

---

3) 그때 옆에서 지켜보다가 왜 하필 우리가 발굴한 이 큰 무덤에다 형의 위령탑을 세우냐고 한마디 하고 싶었지만 몽골 사람들의 사고방식과 우리의 사고방식은 분명이 다르기 때문에 꾹 참았다. 그리고 사진 한 장도 찍어 오지 않았는데 지금 생각해보면 사진 한 장 찍어 올 걸 하는 아쉬움이 남았다. 그 위령탑은 현재 몽골 공화국 수하바타르도 다리강가군 와란합찰 무덤 유적 중 가장 큰 무덤 앞에 세워졌다.

돌을 쪼을 수 있는 돌을 찾아 연장을 만들어 사용하였을 것이다. 물론 상식적인 얘기다. 이런 가능성은 얼마든지 가능하다.

남만주지역 바위그림 연원에 대한 것은 많은 학자들의 관심거리이다. 그러나 바위그림 연구자체가 많지 않고, 뿐만 아니라 바위그림과 상관문화들을 연구하지 않아 대략의 기원도 가늠하기가 쉽지 않다.

서양에서는 이미 한세기 전 스페인의 알타미라동굴에서 그림이 발견되었을 뿐만 아니라 그 주변에서도 많은 동굴벽화들이 발견되어 구석기시대라는 것이 추정이 가능해졌다.[4] 그러나 남만주지역은 그렇게 추단할 수 있는 근거가 없다. 지금까지 발견된 후기 구석기유적에서는 동굴에도 돌판에 그린 그림은 없다. 다만 돌에 사람을 새긴 것은 있다. 이것을 근거로 하여 본다면 아마도 구석기후기에는 바위에 그림을 그렸을 가능성은 충분하다고 본다. 그러나 증거 자료가 없어 연대를 확정하지 못하고 있다. 남만주지역의 신석기시대에 들어가면 각종 돌 연장들이 만들어지는데 이런 돌을

---

4) 스페인의 한 동굴에서 구석기시대의 동굴 벽화가 무더기로 발견돼 학계의 관심을 끌고 있다. 최근 스페인 바스크 지방에서 1만 2500년 전~1만 4500년 전에 그려진 것으로 추정되는 동굴벽화 70점이 확인됐다. 이 벽화는 빌 바오시에서 약 50km 떨어진 아트수라 동굴(Atxurra cave)인데 이 지역은 이미 세계문화유산으로 등재된 알타미라 동굴벽화와 함께 구석기시대의 풍습과 문화를 짐작할 수 있는 유산으로 평가된다.구석기 시대 인류가 동굴에 남긴 작품의 주제는 역시 짐승이었다. 주요 사냥감이었던 들소(bison)를 주제로 한 벽화가 많았으며 말, 염소, 사슴 등이 피사체로 묘사됐다. 특히 들소의 경우 배 부근이 창으로 찔리는 모습이 고스란히 표현돼 있다.

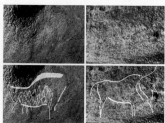

다루는 기술들은 바위에 충분히 그림을 그릴 수 있는 능력이 갖춰지기 때문에 이때는 다양한 방법으로 그릴 수 있다고 추정된다. 그러므로 이 지역에서 바위그림이 발전할 수 있는 기술적인 가능성을 확인해봐야 할 것이다. 뿐만 아니라 일찍부터 돌을 활용하여 무덤을 만들고, 사람상을 만들어 활용하기도 하였다. 심지어는 특정색의 돌들만을 사용하여 거대한 집단 유적을 만들기도 하였다. 앞서도 말한 바와 같이 세세한 분류를 해야 할지는 아직 더 고민해봐야 할 것이다.

그 이유는 누군가가 돌에 간단하게 자기 의사를 새겼다면 하나의 일과성으로 봐야하기 때문이다.

여기서 연구의 대상으로 하고자 하는 것은 집단성을 띤 바위그림을 연구의 대상으로 하고자 한다. 즉 신석기시대로 추정되는 것부터 대상으로 하는 것이다.

연구대상으로 볼 때 지금까지 남만주지역의 바위그림 연구 동향을 보면 대부분이 그림의 내용에 대한 연구와 내용을 간단하게 해석하는 정도였다.[5] 이런 기존의 내용을 조금 더 발전시켜 이 그림들이 그려졌을 시기의 문화에 대한 기초적인 연구가 진행된 것이[6] 있기는 하지만 아주 적어 시작단계로 볼 수 있다. 그렇기 때문에 이 그림들의 연원문제나 그림들의 의미를 이해하기에는 많은 어려움이 있게 된다. 그러므로 그 연구가 확실하든지 확실하지 않든지 간에 바위그림의 연원은 찾아봐야 할 것으로 본다. 이런 측면에서 필자가 생각해보는 바위그림의 기원을 찾기 위한 몇 가지 가설이 필요하다고 본다.

---

5) 蓋山林·樓宇棟:『中國岩畵』, 文物出版社, 1993.

6) 최광식:「韓國 靑銅器時代 岩刻畵의 起源에 대한 試論」,『한국사학보』37, 387~420쪽, 2009년.

첫째, 바위그림을 그리기 위해서는 집단정주생활이 필요할 것으로 본다. 그 이유는 지금까지 조사된 바위그림의 양상을 보면 발견된 곳에서 집중적으로 발견되는 양상을 볼 수 있다. 어느 한곳에 한, 두개 있다가 멀리 떨어진 곳에 또 한, 두개 있는 것이 아니라 있는 곳에 집중적으로 발견되는 것이다. 이는 분명 정주를 하면서 살았기 때문에 가능하다.

둘째, 돌을 쪼았을 때 그림이 그려질 수 있을 정도의 날카로운 연모를 만들 수 있을 때 가능하다는 것이다. 그림들을 볼 때 어떤 것은 뭉뚝한 돌을 사용하여 쪼아도 될 것 같지만 자세히 살펴보면 매우 날카로운 선을 만들어할 때가 있는데 이런 날카로운 선을 만들기 위해서는 이보다 더 날카로운 공구가 있어야 한다.

셋째, 바위그림이 새겨진 이유 중 하나가 학습용이라는 것이다. 이 학습용은 여러 가지 목적이 있겠지만 지적인 정주생활의 영위를 위한 가장 효율적인 방법이었을 것이다. 예를 들면 짐승의 모습을 그려놓고 이 짐승이 무슨 짐승이라는 이름을 붙여서 대대로 활용할 수 있도록 하고, 별의 모습을 그려 놓고 구분을 하는 등 교육적인 효과를 극대화시키기 위한 목적도 크다고 할 수 있다. 물론 이 교육적인 목적에는 신앙이 포함된다고 볼 수 있고, 짐승을 사냥하는 그림도 여기에 속한다고 볼 수 있다.

넷째, 그 가능성 유무는 아직 확인할 수 없지만 사람들의 유희에 대한 표현인 예술적인 표현이다. 사람은 짐승들과 달리 여러 종류의 유희를 즐기고자 하는 욕구가 있다. 이 욕구 중 하나가 그림으로 표현되는 것인데, 바위그림을 새기기 시작할 때부터 유희를 생각하며 그렸는가에 대한 의문은 분명히 있지만 지금까지 연구된 많은 결과들을 볼 때 예술적인 표현의 가능성을 제기하였으므로 필자 역시 기본적으로 동의해가며 이 가설을 제기해본다.

이런 몇 가지 가설을 세우고 이에 부합되는 남만주지역의 선사문화를 분석해볼 필요가 있다.

남만주정주문화가 언제부터 시작되었는가 하는 것이다. 학계에서 일반적으로 정주문화가 시작되는 것은 신석기시대부터라는 것이 대부분이다. 이런 정의를 본다면 남만주지역의 신석기시대문화는 소하서문화 시기부터이다.[7] 이 문화 시기는 지금으로부터 8, 9천년쯤으로 보고 있는데 내몽고 적봉시 오한기(敖漢旗)의 소하서지역에서 확인되었지만 그 분포는 아마도 지금의 요녕성 서부지역인 호로도 지역에서도 발견되는 것으로 보아 매우 넓은 지역에 분포하는 것을 볼 수 있다.

이 시기의 문화 요소들을 보면 이미 경질에 가까운 질그릇을 만들고, 거주지를 계획적으로 건설하고, 무덤을 만들면서 완전한 시스템의 정주생활을 하고 있다는 것이다. 다만 당시 사용되었던 것으로 보이는 석기들은 타제와 마제의 중간 단계이다. 즉 이미 쪼을 수 있는 단계의 공구는 출현된 셈이다. 이런 시스템을 갖춘 문화는 적봉지역을 중심으로 한 요서지역에만 있는 것은 아니다. 요동지역에도 많이 있었다. 다만 연대적으로 차이가 있을 뿐이나 생활의 내용은 큰 차이는 없는 것으로 볼 수 있다. 그러나 이 시기에 들어서서는 바위그림이나 혹은 조각상들이 발견되지 않아 소하서문화시기에 바위그림이 새겨졌다고 볼 수는 없다. 그렇지만 소하서문화 다음 단계인 흥륭와문화 단계부터는 바위그림들이 문화의 한 요소로서 충분히 그려질 수 있는 근거들이 많이 있다. 그러므로 이와 관련한 문화는 아래 별도의 장에서 소개하도록 한다.

---

7) 박진호·복기대: 『요서지역 초기신석기문화연구- 소하서, 흥륭와문화를 중심으로-』, 주류성, 2016.

연구대상지역 표시도

2. 연구사의 이해

중국 동북지역은 자연 지리적으로 볼 때 다른 지역에 비하여 상대적으로 독립된 지역이다. 이 지역의 동서남북은 서쪽으로는 대흥안령(大興安嶺)을 넘어서서 내몽고 적봉시 극십극등기(克什克騰旗)지역을 넘어서면 물길이 드문 초원지역이나 반사막지대가 형성되고 있고, 남으로는 연산산맥(燕山山脈)과 발해(渤海)로 막혀 있어 고대인들의 자유로운 통행은 쉽지 않았다. 북으로는 넓은 들판이 형성되고 있으나 1년 동안 사람들이 자유롭게 활동할 수 있는 계절적인 한계가 있어 사람들이 살기에는 적절하지 못한 지역이다. 동쪽은 장백산맥(長白山脈)이 폭이 넓고, 길게 뻗어내려 사람들이 살기가 좋은 곳이 못된다. 이 지역의 역사적 의의는 이미 20세기 초의 30년간에 러시아에서 고고학자와 단체, 그리고 일본·중국·서구의 학자들이 이곳에서 필드조사를 진행하여 그 중요성을 확인하였고, 이를 바탕으로 구체적인 연구를 진행하였다. 그러나 당시의 연구들은 학문적인 방향도 있었지만 정치적인 목적이 우선되었기 때문에 연구에 많은 혼란이 있었다. 그러나 최근 이 지역에 대한 연구 분위기가 많이 달라졌는데 중국의 입장에서는 중국 문명사 연구의 중요한 지역으로 인식하고, 한국은 한민족의 발원지 및 성장지로 인식, 그리고 일본은 일본 나름대로 목적을 갖으면서 연구가 진행되어 현재는 다른 지역보다도 연구가 더 촉진되고 있는 상황이기도 하다. 그간의 연구 동향을 정리해보면 아래와 같이 정리될 것이다. 이 정리는 앞서 말한 바와 같이 지역적으로 넓은 지역을 포함하고 있기 때문에 지역적으로 나눠서 하도록 한다.

1) 적봉지역

적봉시는 서요하(西遼河) 지류인 노합하(老合河)가 관통하여 흐르는데 그 지류인 음하(陰河), 영금하 유역은 적봉지역 고대문화의 젖줄이었기에 이 유역에 많은 유적들이 분포한다.

남만주지역의 바위그림이 처음 알려진 것은 6세기경이다. 당시 북위(北魏)의 관리였던 역도원(酈道元)은 지리연구를 하면서 간혹 어느 지역의 특징적인 유적이나 유물, 혹은 역사적 사건들을 정리하여 기록했는데 그 가운데 바위그림에 관한 기록도 남겨 두었다. 그 기록을 보면 『수경주(水經注)』에서 사람 얼굴형 바위그림에 대하여, 『수경주』권 34, 「강수(䃂水)」 2에 기록되었는데,[8]

'강수는 또 동쪽으로 랑위탄을 거치고 인탄을 지나간다. 원산송이 말하기를 '두 사주가 서로 2리 떨어졌다. 인탄 물이 가파르고 남쪽 강안에 부른 돌이 있다. 수십 걸음의 돌이 모두 사람 얼굴 모양이다. 크고 작은 것들이 머리와 수염이 분명히 보인다. 그래서 인탄이라고 이름을 얻었다.'

이 기록을 보아 역도원은 이 지역을 가보고 나서 기록을 남긴 것으로 보인다. 그로부터 1500여년이 흐른 20세기 초 일본 학자 도리이 류조(鳥居龍藏)가 적봉에서 고대문화관련 조사를 한 것이 시발점이 되어 많은 고고학자들이 조사에 참여하기 시작하였다.

1929년, 중화민국 경붕현(經棚縣) 제1과 과장 강청원(康清源)이 편찬한 『熱河經棚顯志』13권「古迹」편에 백차하 유역의 광의(廣意), 유순광(裕順廣) 지역에 바위그림이 있다는 기록을 남겼다.

1973년, 극십극등기 문물부분 첫 조사에서 백차하유역의 4곳에서 바위그림을 확인하고 상세한 기록으로 남겨두었다.

이런 조사를 시작으로 이 지역에 대하여 수차례에 걸쳐 조사한 결과로 많은 성과를 얻었는데 대표적으로 소하서문화, 흥륭와문화, 조보구문화(趙寶溝文化), 홍산문화(紅山文化), 소하연문화(小河沿文化), 하가점하층문화, 하가점상층문화(夏家店上層文化), 연나라─진나라문화, 그리고 요나라 거란인의 유적들이 있는 것을 확인하였다. 그럼에도 불구하고 당시 이 지역의 바위그림에 대한 것은 확인되지 않았다. 그 후 1970년대에 들어 중국 북부지방의 음산산맥(陰山山脈)일대의 바위그림을 조사하면서 알려지게 되었다.[9] 이 지역의 바위그림에 대한 기록과 보고는 20세기 80년대 초부터 시작했는데 가장 큰 발견은 1981년에 있었다.

1980년대 들어 이 유역을 조사하면서 많은 바위그림을 발견하였는데, 이때부터 적봉지역의 바위그림들이 속속 알려지게 되면서 연구를 진행하

---

8) 水經注 : 권 34, 「강수」2

'江水又東徑狼尾灘, 而厯人灘. 袁山松曰: 二灘相去二裏, 人灘水至峻峭, 南岸有青石, 夏沒冬出, 其石嵌查, 數十步中, 悉作人面形, 或大或小, 其分明者須發皆具, 因名人灘也'

9) 蓋山林·樓宇陳:「中國古代岩畵論略」,『中國岩畵』, 文物出版社, 1992년.

게 되었다. 지금까지 조사된 바위그림의 분포를 보면 행정구역으로는 중국 내몽고 적봉시 일대에서 가장 많이 발견된 것을 볼 수 있다.

당시 소오달맹, 즉 오늘날의 적봉시 문물팀과 극십극등기문화관의 장송백(張松柏), 유지일(劉志一) 등이 극십극등기 남부의 백차하(白岔河)유역의 바위그림에 대한 조사를 진행하였다. 이 조사에서 총 아홉 군데에서 48조의 바위그림을 발견했다.[10] 그 중에 거의 대부분이 사람 얼굴형 바위그림이 있었다. 이 조사 결과 백차하의 사람 얼굴형 바위그림은 한 시기에 만들어진 것이 아니라 긴 세월이 흐르면서 그려졌다는 것을 알 수 있었다.

또한 그림의 내용을 볼 때 이 지역에서 활동한 유목민족의 문화 요소도 표현됐다. 당시 이 조사는 적봉지역 바위그림의 조사와 연구를 시작을 알리는 것과 같았다. 1991년 9~12월에 적봉 민족사범대학(오늘날 적봉대학의 전신) 북방민족문화연구소의 전광림(田廣林), 임애군(任愛君), 초애민(肖愛民) 세 사람은 백차하유역의 역사문화유적을 다시 조사하였다. 이 조사에서 아주 오래된 것으로 추정되는 바위그림 78조를 새로 발견하였다.[11]

또 이 팀들은 이 백차하유역 조사한 후 또 음하유역 역사문화유적 조사팀을 구성하여 70여 일 동안 송산구(松山區) 대묘진(大廟鎭)에서 시작하여 적봉시 홍산구(紅山區) 홍산국가삼림공원(紅山國家森林公園) 근처의 음하 중하류까지 조사를 진행하였다. 이 조사에서 대량의 바위그림 유적을 발견하였고 이를 토대로 기초적인 연구도 진행하였다.[12] 이런 기본적인 연구를 진행한 결과 지금까지 조사된 바위그림 중 대부분은 주로 신석기시대, 청동기시대 그리고 철기시대에 만들어진 것들이라는 것을 알 수 있었다. 이 중 신

---

10) 張松柏·劉志一:「內蒙古白岔河流域岩畵調査報告」,『文物』, 1984年, 第2期.

11) 任愛君:「赤峰岩畵個多元主題的藝術話題」, 呼倫貝爾: 內蒙古文化出版社, 2010年, 第5頁.

12) 田廣林·任愛君·肖愛民:「英金河流域古代岩畵遺存」,『昭烏達蒙族師專學報』, 1993年 增刊.

석기시대에 만들어진 것
이 가장 많은 것으로 분류
되었다. 그림의 주제들은
대부분 사람의 얼굴 모양
이고, 또 짐승그림, 윤문,
그리고 동심원, 기하형 무
늬들이 있다.

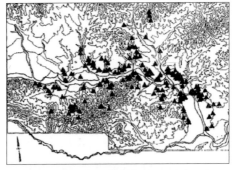

1994~1995年 음하 중하위지역 조사지역 표시도

　이것은 20세기 80년대
초 백차하(白岔河) 바위그림을 발견한 이래 또 하나의 큰 성과였을 뿐만 아
니라 전체 적봉지역 바위그림의 연구에 새로운 자료를 제공해줬다.

　1996년 5월, 내몽골문물고고연구소의 개산림(蓋山林)과 개지호(蓋志浩)
는 전광림과 설지강(薛志崗)의 협조를 받아 음하 중하류와 영금하(英金河)
유역의 바위그림에 대하여 재조사를 진행하였다.[13]

　1994년~2000년간에 전광림이 선후로 음하 북안의 송산구 대묘진에서
홍산구 홍산 삼림공원까지의 약 40km 구역에 대해 재조사를 했다.[14] 이 조
사에서 바위그림 10여 조를 새로 발견했다.

　2005년~2006년 삼좌점 수리공사의 건설을 협조하기 위해 내몽골문물
고고연구소가 음하유역의 초두랑진(初頭朗鎭) 북안 삼좌점성지(三座店城址)
에 대해 2년에 걸쳐 발굴을 진행하였다. 이 발굴에서 3기의 바위그림을 확
인하였는데 그 중에 2기가 사람얼굴로 확인되었다.[15]

---

13) 蓋山林:「內蒙古岩畫的文化解讀」,『北京圖書館出版社』, 北京, 第 280~310쪽, 2002年.

14) 田廣林:「內蒙古赤峰市陰河中下遊古代岩畫的調査」,『考古』, 第12期, 113~26쪽, 2004年.

15) 內蒙古文物考古研究所:「內蒙古赤峰市三座店夏家店下層文化石城遺址」,『考古』, 第7期,
　　 17~27쪽, 2007年.

위에서 간단하게 정리한 것이지만 이를 바위그림과 상관있을 것으로 판단되는 주변지역 문화들과 고려하여 시기를 나눠보면 대체로 3단계로 구분할 수 있다.

제1단계는 지난 세기 80년대 초부터 1992년까지이다.

이 시기의 특징은 다음과 같이 정리할 수가 있다. 적봉지역 바위그림의 전문 조사와 연구는 20세기 80년대부터 시작한 것이다. 1982년에 처음으로 백차하의 바위그림에 대해 전문 조사를 했고 이어서 조사보고를 발표했다. 그 이후 1992년까지 십여 년간의 현지 조사와 연구는 주로 백차하 유역에 집중됐다. 이곳에서 집중적으로 조사된 사람 얼굴형 바위그림 연구는 송요량(宋耀良)의 연구가 주목된다. 그는 백차하 유역의 바위그림 중 사람얼굴에 대한 것을 중시하였는데, 『중국 상고 신격 사람 얼굴 바위그림』이란 책에서 백차하의 사람 얼굴상을 중국사람 얼굴 분포대에 관련한 유적 중 하나로 간주해서 검토했다.

제2단계는 1992년부터 2004년까지이다.

1992년 6~8월 적봉학원이 음하 중하류의 고고학 조사를 기준으로 해서 적봉지역 바위그림의 조사와 연구는 제2단계에 들어갔다. 조사 작업의 깊이나 범위 등 모든 면에서 확대됐고 이전의 백차하 바위그림의 연구 성과를 보충했다.

2단계 중 시간적으로 1993년부터 1994년까지 중요한 조사를 진행하였는데 주로 극십극등기의 바위그림에 대한 전면적인 조사와 연구이다. 이 기간에 파림우기(巴林右旗), 노과이심기(魯科爾沁旗) 등, 그리고 극십극등기의 다른 바위그림들도 발견했다. 제1단계의 조사 결과를 신중하게 참고하여 관련 자료의 이용률이 대폭 높아졌고, 연구의 방법이 역시 개선됐다. 이 단계의 성과는 주로 세분하여 통계를 작성하였고, 새로운 연구방법을 통해 바위그림에 대한 의미를 파악하기 시작하였고 동시에 주변 고고자료를 활용하여 연구성과를 분석 검토하였다.

제3단계는 2004년부터 2010년까지이다.

2004년 이후 새로운 조사 성과는 크게 나타나지 않았다. 이 시기는 주로 지난 시기에 조사된 것을 근거로 연구를 진행하는 시기였다. 이 시기의 특징을 크게 세 가지로 나눌 수 있다.

첫째, 연구이론이 과거보다는 탄탄해졌다는 것이다. 예를 들면, 1992년에 임애군, 초애민 등이 음하유역의 바위그림을 조사할 때 바위그림 주변 유적에 대하여 기본적인 자료를 수집했다. 이들 자료를 근거로 하여 음하유역에서 발견되는 사람 얼굴형 바위그림의 연대는 대략 지금으로부터 8000년에서 3500년까지로 보았다. 즉, 흥륭와문화, 조보구문화, 홍산문화, 하가점하층문화가 연속으로 그려진 것으로 판단하였다. 전광림 또한 이 지역을 여러 번 조사한 결과 음하유역의 바위그림의 분포, 내용, 연대와 기능에 대해 기초적인 검토를 진행한 결과, 음하유역 바위그림의 시대를 지금으로부터 7000년 전의 흥륭와문화부터 시작하여 요나라까지로 추측하였다. 그리고 음하 바위그림이 대표한 신앙 형식은 샤머니즘이나 집단종교가 초기 예의체제가 성숙하여 사람 얼굴형 바위그림들이 신격이 있는 가면형태로 발전하였다고 보았다. 이런 것들이 상고시대 인류의 의식형태를 표현한 것으로 인식했다. 그는 가면의 윤곽, 머리의 장식 등 특징에 따라 바위그림에 대해 기초적인 분류를 진행하였다. 그리고 음하 바위그림에 눈을 특별히 강조한 것을 밝혔는데, 이 지역의 신격가면들은 후세 청동기에 있는 도철문(饕餮紋)의 중요한 기원 중 하나라고 인식했다.

둘째, 적봉지역 바위그림의 연구범위를 극십극등기 밖으로 확대시켰다.

음하유역은 서요하 상류 사람 얼굴형 바위그림이 가장 밀접하게 분포된 구역이다. 거의 50km 정도 연속된다. 채석과 도로 건설 등으로 많이 훼손되었고 보존 상황이 좋지 않았다. 이 바위그림의 주제, 성격, 그리고 연대 분기 문제에 대해 전에 적봉민족사범 전문대학교의 전광림, 임애군, 초애군, 내몽고문물고고연구소의 개산림, 개지호, 적봉시 옹우특기(翁牛特旗)의 오갑재(吳甲才) 등은 모두 바위그림 관련 연구를 해왔고 성과도 있었다.

셋째, 백차하유역관련 연구들은 큰 진전이 없었고 오히려 후퇴한 느낌이 었다.

위에서 연구사를 검토하는 과정에서 주목할 것은 전문적인 연구자가 없다는 것을 알 수 있었는데 그 단적인 예가 그림들의 연대추정이다. 즉 몇 개의 그림들의 연대 폭을 5000년씩 둔다면 그 신뢰성을 현저히 떨어진다. 특히 전광림의 연대 편성은 무려 7000년 이상으로 잡는데 이런 편년은 차라리 하지 않는 것이 좋다. 이 연대 편년은 어떤 근거로 하였는지 근거가 충분하지 않다. 또 다른 사례가 옹우특기의 바위그림 개인 연구자인 오갑재씨가 최근 십여 년간 적봉 각지를 답파하고 풍찬노숙했다. 어렵게 연구하고 1차 바위그림의 자료를 찾았는데, 그가 편찬한 『홍산 바위그림』이란 책은 내용이 풍부하고 그림이 명확하여,[16] 적봉시 바위그림을 연구하는데 소중한 자료를 제공해줬다. 그럼에도 불구하고 그의 저서가 학계에서 참고가 될지언정 중요한 판단근거는 되지 못하고 있다. 그 이유는 바위그림과 관련 있는 전문적인 근거를 제시하지 못하고 있기 때문이다. 이런 현상은 기존 바위그림 연구의 한계점으로 나타났다. 그렇지만 상황들은 초기 연구에 나타날 수 있는 지극히 정상적인 상황들이다.

지금은 이런 기존의 연구를 넘어서서 최근 중국학계에서는 최근 적봉지

---

16) 吳甲才編著: 「紅山岩畵」, 呼倫貝爾: 內蒙古文化出版社, 2008年.

역의 바위그림을 중심으로 하는 연구들이 속속 발표되고 있어서 앞으로 바위그림 연구에 새로운 연구자들이 등장하고 있다는 것을 알 수 있게 해줬다.

이동풍(李東風)은 2013년 중앙민족대학 석사논문으로 『赤峰市陰河流域人面形岩畵研究』를 제출하여 초보적인 연구이지만 나름 앞으로 본인이 연구할 방향을 제시하였다. 이런 선이 뚜렷이 나타나는 연구도 있었지만 보고서 형식의 연구도 많이 있었다.[17]

---

17) 중국 암각화 연구를 하는 과정에서 대표적인 연구를 모아보면 다음과 같다.
　　[1] 陳兆複:「古代岩畵」, 北京: 文物出版社, 2005.
　　[2] 湯惠生·張文華:「靑海岩畵」, 北京: 科學出版社, 2001.
　　[3] 蓋山林·蓋志浩:「絲綢之路岩畵硏究」, 烏魯木齊: 新疆人民出版社, 2009.
　　[4] 宋耀良:「中國史前神格人面岩畵」, 上海三聯書店上海分店出版社, 1992.
　　[5] 蓋山林:「陰山岩畵」, 北京, 文物出版社, 1986.
　　[6] 陳兆複:「中國岩畵發現史」, 上海, 上海人民出版社, 2009.
　　[7] 田廣林, 等:「英金河流域古代岩畵遺址」,「北方民族文化」, 1993.
　　[8] 羅伯特貝納德裏克:「國際岩畵團體聯合會召集人羅伯特貝納德裏克發言詞 [M] ‖ 劉長宗等編」,91,『國際岩畵委員會年會暨寧夏國際岩畵硏討會文集」, 銀川: 寧夏人民出版社, 2000.
　　[9] 楊虎:「遼西地區新石器——銅石並用時代考古文化序列與分期」,「文物」, 1994-5.
　　[10] 道爾吉:「蒙古岩畵硏究簡史」,「蒙古考古論文集」, 莫斯科, 蘇聯科學院出版社, 1962.
　　[11] A. 薩瓦捷耶夫:「芬蘭岩畵」,「原始藝術」, 新西伯利亞城 蘇聯科學院出版社西伯利亞分社, 1976.
　　[12] 道爾吉:「蒙古岩畵硏究簡史 [M] ‖ 陳弘法, 譯」,『亞歐草原岩畵藝術論集」, 北京: 中國人民大學出版社, 2005.
　　[13] 巴林右旗博物館:「內蒙古巴林右旗那斯台遺址調查 [J]」,「考古」, 1987(6).
　　[14] 吳甲才:「紅山岩畵 [M]」, 呼和浩特: 內蒙古文化出版社, 2008.
　　[15] 張亞莎:「赤峰岩畵在中國岩畵硏究格局中的地位與意義 [M] ‖ 張亞莎」,『岩畵學論叢(第1輯)」, 北京: 中央民族大學出版社, 2014.
　　[16] 楊美莉:「新石器時代北方系環形玉器系列之一——勾雲形器 [J]」, 故宮文物月刊, 1993(6).
　　[17] 鄧淑萍:「帶齒動物面紋玉飾 [J]」. 故宮文物月刊, 1993(119).
　　[18] 孫機:「龍山玉鷺 [M] ‖ 遠望集」,『陝西省考古硏究所華誕四十周年紀念文集」, 西安: 陝西人民美術出版社, 1998.
　　[19] 王仁湘·玉眼:「勾雲紋玉佩的定式和變式 [N]」, 中國文物報, 2001-07-22.
　　[20] 烏蘭:「巴林右旗博物館收藏史前人面飾初探 [M] ‖ 中國古都學會編」,『中國古都硏究(八. 上冊)」, 香港: 國際華文出版社, 2001.
　　[21] 郭大順:「紅山文化 [M]」, 北京: 文物出版社, 2006.
　　[22] 內蒙古自治區文物考古硏究所:「白音長汗——新石器時代遺址發掘報告」,『上冊

2) 요서지역

남만주지역 바위그림을 연구하는 과정에서 공백지대로 인식되었던 곳이
조양(朝陽), 금주(錦州), 호로도(葫蘆島)로 분구되는 요서지역이다.

이곳에는 고도의 문화가 발전한 지역임에도 불구하고 그동안 선사시대
의 바위그림들이 확인되지 않았다. 그럼으로 이 지역은 원래 그림이 없는
것인지 등등 많은 의문이 있었다. 그런데 최근 호로도시에서 바위그림이 발
견되었다. 그 지역은 요녕성(遼寧省) 호로도시 남표구(南票區) 향로산(香爐
山)에서 사슴과 새가 그려진 4폭의 바위그림이 발견되었다. 이 바위그림의
위치는 향로산은 항요령진(缸窯嶺鎮) 애지당진(曖池唐鎮), 사과둔향(沙鍋屯
鄉)과 서로 만나는 지점에 있다. 이 발견은 그동안 요서지역에서는 바위그
림이 발견되지 않는 것으로 알려 있던 상식을 깨는 것으로 매우 중요한 발
견이었다.[18]

3) 요동지역 연구

요동지역의 바위그림 연구는 거의 불모지와 다름없었다. 그런데 2009년
에 한국 답사단에 의하여 요녕성 해성지역에서 성혈(星穴)로 추정되는 바위

　　　　　[M]」, 北京: 科學出版社, 2004.
　　　[23] 內蒙古自治區文物考古所: 「內蒙古林西縣白音長汗新石器時代遺址發掘簡報 [J]」,
　　　　　『考古』, 1993(7).
　　　[24] 安德烈勒魯瓦一古昂: 「史前宗教 [M]」, 兪灝敏 譯, 上海: 上海文藝出版社, 1990.
　　　[25] 蘇布德: 「洪格力圖紅山文化墓葬 [J]」, 『內蒙古文物考古』, 2000(2).

18) 보고자들은 지금으로부터 3000년경으로 하였는데 본문에는 하, 상, 주 시기로 기록해 놨
　　다. 즉 연대가 약 1000년 정도 차이가 난다. 이런 기록을 남긴 것으로 보아 조사자들이 제
　　시한 연대는 신빙성이 없다.

그림들이 대거 확인되기 시작하였다.

2009년 처음 확인 이후 계속되는 확인을 통하여 그 지역의 바위그림에 대한 기본적인 윤곽을 알 수 있다.[19] 그 뒤 요녕성 안산시 박물관 부관장인 이강(李剛)에 의해서 해성(海城)뿐만 아니라 전체 중국 요녕성 안산시(鞍山市) 일대의 바위그림 기초 조사가 진행되었다. 이 조사에서 안산시 17개 촌에서 확인된바 74개 지점에서 확인되었다.[20] 대부분이 산에 있는 바위 등에 새겼는데 큰 구멍을 새긴 것도 있고, 어떤 것은 큰 구멍을 중심으로 둘레에 작은 구멍을 새긴 것들도 있었다. 대표적인 것이 석목성자(析木城子) 고인돌 동쪽 산에 있는 고수석(姑嫂石)에 새겨진 것이다. 이 고수석을 당지 사람들은 거북바위라고 부른다. 이 고수석 주변에 많은 바위그림들이 존재하는 것으로 확인되었다.[21] 이 발견은 답보상태에 있던 요동지역의 바위그림 연구에 새로운 길을 열었다는 의미와 요서지역과는 다르게 요동지역은 주로 성혈을 새겼다는 것을 알 수 있게 해주었다.

이런 새로운 발견과 동시에 연구도 진행되었다. 양홍진과 복기대는 최근 해성 거북바위에 새겨진 성혈을 분석한 결과 기원전 3000년경 전후한 시기의 천문현상을 기록한 것이라는 주장을 하였는데 이는 바위그림을 연구하는데 있어서 연구로 볼 수 있다.[22]

또한 최광식은 최근 한반도 바위그림의 연원을 찾는 과정에서 요녕성지

---

19) 양홍진·복기대: 「중국 해성(海城) 고인돌과 주변 바위그림에 대한 고고천문학적 소고(小考)」, 『東아시아 古代學』29, 東아시아 古代學會, 2012년 12월.

20) 李剛·顧玉順: 「對鞍山地區及國內同類型 穴巖畵的幾點認識」, 『遼寧省博物館刊』, 遼寧省博物館, 2012年.

21) 李剛: 「探析鞍山地區龜形石上的U穴岩畵」, 『珺刊-2014-』, 遼寧省博物館, 遼海出版社, 2015年.

22) 양홍진·복기대: 「중국 해성(海城) 고인돌과 주변 바위그림에 대한 고고천문학적 소고(小考)」, 『東아시아 古代學』29, 東아시아 古代學會, 2012년 12월.

역과 내몽고 동남부지역을 조사하였는데 내몽고 적봉시 초두랑진 지가영
자촌(池家營子鄉) 하가점하층문화 석성입구에서 새로운 바위그림을 찾아
학계에 소개하였다.[23] 그는 이 보고서에서 단순히 새로 찾은 것에 대한 보
고를 넘어서서 바위그림과 고대문화를 연결시켜 연구하는 새로운 연구방
향을 제시하였다.

최광식은 최근 새로운 연구를 통하여 발해만연안의 바위그림을 소개하
는 성과도 제시하였다.

최근 요녕성 안산지역에서 그 지역의 바위그림을 소개, 정리한 새로운
연구결과가 나왔는데, 이 연구에서는 소개에서 주변문화권과 연결시켜 연
구한 것으로 그 지역 바위그림 연구에 큰 도움이 될 것으로 본다.[24]

전체적으로 남만주지역 바위그림 연구사를 볼 때 발견되는 바위그림들
의 주제가 지역별로 많이 다른 것을 볼 수 있는데 적봉지역은 사람 얼굴, 요
동지역은 성혈들이 주로 발견되는 것을 알 수 있다. 그리고 연구 진행과정
을 보면 적봉지역은 이미 연구가 성숙한 단계에 들어서 있고, 요동지역은
이제 시작단계에 있다는 것을 알 수 있었다. 조양을 중심으로 한 지역은 이
제 걸음마 단계로 볼 수 있다.

전체적인 연구흐름을 볼 때 중국내의 학자들의 연구와 비견될 만큼 한국
학자들의 연구도 활발하다는 것을 알 수 있었다.

---

23) 최광식:「韓國 靑銅器時代 岩刻畵의 起源에 대한 試論」,『한국사학보』37, 387~420쪽,
　　　2009년.
　　　최광식:「한국 암각화의 기원과 중국 동북·산동지역」,『백산학보』100호, 백산학회, 2014
　　　년 12월.

24) 顧玉順編著:『鞍山岩畵』, 瀋陽出版社, 2015年.

II. 지역별 바위그림 분석

남만주지역은 매우 넓은 지역이다. 그리고 지역적으로 기후도 많이 다르다보니 문화양상도 많이 다르다. 그 증거는 그동안 연구해온 많은 문화들에서 이미 나타났다. 이런 현상들을 볼 때 남만주지역의 바위그림에 대한 분석은 지역별로 나누어 분석을 해봐야 할 것이다. 그러므로 본 글에서는 바위그림이 가장 많이 발견된 내몽고 적봉지역부터, 조양을 중심으로 한 요서지역 그리고 요동지역 순으로 정리해보도록 한다.

1. 적봉지역의 바위그림

1) 내몽고 적봉지역 자연지리의 이해

앞서 말한바와 같이 남만주지역은 넓은 지역으로 각 지역별로 기후의 차이가 크다. 특히 적봉지역은 여러 기후의 특징이 복합적으로 나타나는 지역이다. 그러므로 먼저 적봉지역의 자연현상부터 이해하도록 한다.[25]

적봉은 몽골고원, 화북평원(華北平原)과 송료평원(松遼平原)등 세 곳에서 만나는 지점에 위치한다. 이러한 독특한 지리위치로 인해 적봉은 옛날부터 다원적 문화가 융합한 곳이며 동시에 중국 북방 문화의 중요한 중심지 중 하나이다. 이 지역의 경제유형은 농업과 목축이 결합한 된 형태이다. 이 지역은 지질측면에서 볼 때 다른 지역과는 달리 구릉성 평원이 발달한 지역이다. 이 구릉성 평원이 발달하면서 동시에 역시 물길도 발전하였는데 이런

---

25) 적봉지역은 행정단위로 '시(市)' 단위지만 전체 면적은 약 8만km²이다. 그렇기 때문에 지역적으로 만은 차이가 난다.

자연적인 조건으로 많은 문화들이 발전하였던 곳이기도 하다. 그러므로 남쪽에서 볼 때 이 지역은 사람들이 계절적인 감각으로 정상적으로 생활을 할 수 있는 북방한계선이기도 한 지역이고, 북방에서 볼 때는 사람답게 살 수 있는 입구가 되는 지역이다. 이런 환경의 근거는 이 지역은 아무리 자연환경이 변하더라도 최소 강수량이 유지되어 절망의 땅으로 만들지 않는다는 것이다. 특히 적봉지역은 내몽골 중부 황하 만곡에서 적봉 서쪽지역까지는 우기에 형성되는 물길이나 호수가 아니고는 물이 없는 곳이다. 그렇기 때문에 그 중간지대는 간혹 바위그림이 있다하더라도 장기적으로 이어지는 형태는 아니고, 단편적인 그림들이 되는 것이다.

서쪽으로 적봉지역을 벗어나면 대부분 끝이 보이지 않는 평원지역으로 사람들이 집단을 이루며 살기에는 적합하지 않은 곳이기 때문에 일반적으로 말하는 고고학 관련 자료도 희소할 뿐만 아니라 바위들이 없기 때문에 바위그림을 찾아보기가 쉽지 않다. 그러므로 적봉지역이 바위그림으로서는 북서지역의 한계로 볼 수 있다.

적봉지역 바위그림 분구도

현대의 통계를 근거로 하여 적봉지역의 자연현황을 정리해보면 다음과
같이 요약할 수 있겠다.

바위그림이 가장 많은 지역 중에 하나인 음하는 서요하 수계(西遼河水系)
에 속하며, 서요하(西遼河)로 들어가는 노합하(老哈河)의 지류이다. 총 길이
는 152.5km이며 유역 면적은 약 2.477km²이다. 이 강은 하북성(河北省) 칠
로도산맥(七老圖山脈)의 대정자산(大頂子山)에서 발원하여 서에서 동으로
내몽골자치구 동남부의 적봉시 송산구에 들어간다. 이 강은 대부영자향(大
夫營子鄉), 대묘진(大廟鎮), 초두랑진(初頭朗鎮), 당부지(當鋪地) 만족향을 걸
쳐 홍산구에 들어간다. 그리고 교북진(橋北鎮) 일대에서 남쪽에서 온 석백하
(錫伯河)와 서북쪽에서 온 소소하(召蘇河)와 합류해서 영금하(英金河)가 된
다. 영금하의 총 길이는 40km이며 홍산댐 상류 밖에서 노합하에 들어간다.

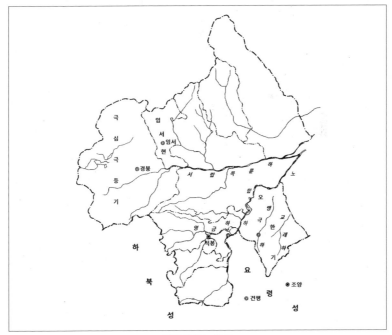

적봉의 주요 하천

이곳의 지형은 서쪽이 높고 동쪽이 낮다. 하천은 거의 자연의 지세에 따라 서쪽에서 동쪽으로 흘러 노합하에 들어간다. 음하 상류는 산지인데 높이는 평균 해발 1000m이상이 된다. 중하류는 산지구릉을 위주로 하고 해발은 500~1000m 이상이다. 음하 근처의 산이 연속되어 산 정상이 대부분 꼭대기가 있고 산마루가 있다. 산비탈이 평직하고 협곡이 많다. 협곡 내에 돌이 무질서하게 많이 쌓여 있다. 산체의 북쪽이 가파르고 남쪽이 완만하다. 협곡이 깊고 좁으며 양안에 면적이 큰 충적평원이 없고 폭은 대부분 500~2000m 사이다.

하천 양안의 지세가 험요하고 대부분 절벽이나 가파른 비탈이다. 북안의 분수령이 음하까지 비교적 멀다. 현재의 적봉지역은 따뜻한 온대 습한 기후에서 중간 온대 반건조 기후로 과도한 지대, 온대 계절풍 기후에서 온대 대륙성 기후의 과도지대에 있다. 이 지역의 특징은 겨울이 길고 춥고 눈이 적다. 봄은 건조하고 바람이 많으며, 여름이 짧고 더우며 강수량이 집중한다. 가을 기온이 빨리 낮아지고 서리가 일찍 온다. 음하 유역의 년 평균기온은 2~6도 사이다. 연강수량은 350mm정도이다. 서리가 없는 시간은 대략 90~130일 정도이다.

그러므로 이 지역의 특징은 반습윤한 삼림에서 반건조한 초원형태의 생태환경이 유지되는 곳이다. 동북에서 서남으로 간 대흥안령의 영향을 받아 이 구역에 농업과 삼림, 그리고 목축업이 교차로 한 문화 양상이 보인다.

현재 음하 영역의 기후와 식물분포 종류는 상고시대와 많이 달라졌다. 그 증거로 절벽에 있는 물 흔적을 통해 과거 음하의 물량이 현재 보다 훨씬 많았던 것을 알 수 있었다. 양안에 높은 대지와 산 지표에 자갈과 모래가 많아 농업생산이 많지 않았던 것을 알 수 있다.

위와 같이 현대의 통계를 활용하지 않고 고기후학에서 연구한 자료를 근

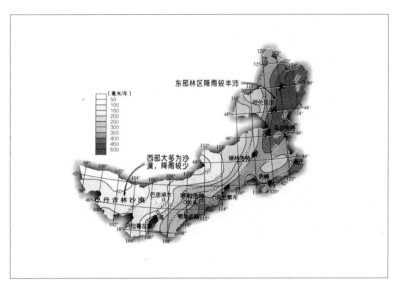

강수량 분포도

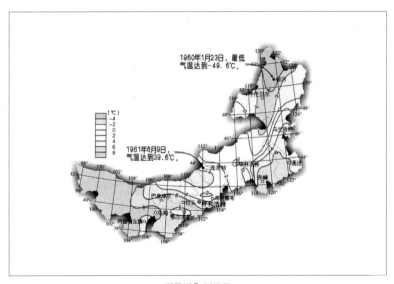

평균기후 분포도

내몽고지역 기후 관련도

거하여 고기후대를 정리해보면 다음과 같이 요약할 수 있겠다.

기후학전공자들로부터 적봉지역의 여러 지점의 토층단면과 꽃가루를 분석한 결과, 지금으로부터 8000~7000년 전에는 온난하고 건조한 기후였다. 지금으로부터 7000~6000년 전에 온난하고 비교적 건전한 기후에서 온난하고 습한 기후로 변했다. 그러던 기후가 지금으로부터 5500년 전에는 기후가 온난하고 비교적 건조했다가 5300~4000년 전후에는 온난하고 습한 기후로 변했다.

지금으로부터 4000~3600년 전후에는 비교적 건조한 기후로 변했고, 지금으로부터 3000~2000년 전후에는 상대적으로 건조했다.[26]

2) 적봉지역 선사문화의 이해

앞서 말한바와 같이 적봉지역에서는 많은 선사문화들이 존재했었다. 이들 문화들은 각 시대별로 고루 확인이 되는데 이들 문화 중 바위그림이 생성되고 활발하게 그려지는 시기로 추정되는 몇 문화들에 대한 기본 이해를 할 필요가 있다. 필자가 소개하는 기준은 비록 지역은 다르지만 문자가 기록의 수단으로 쓰이는 시기인 기원전 13세기 이전의 문화를 대상으로 한다. 그러면서 문화의 시공간 범위와 요소들이 아직 연구대상인 것은 일단 제외를 하는데, 소하서문화, 부하문화, 조보구문화, 소하연문화 등이다.[27]

---

26) 이런 날씨는 일부지역에서는 차이가 날 수 있으나 전체적으로 볼 때 큰 차이는 없다. 이 연구
　　결과들은 적봉지역의 환경 고고학 연구에 중요한 기초 자료를 제공했다.

27) 여기서 소개하는 문화들의 범위는 현재 요녕성 서부지역인 요서지역을 포함하고 있으므로
　　뒤에 소개하는 요서지역관련의 선사시대문화도 이 소개를 참고하면 될 것이다.

(1) 전기 신석기문화

적봉지역의 전기 신석기문화는 소하서문화와 흥륭와문화가 있다. 이 두 문화 중 정주생활과 집단생활, 그리고 바위나 옥을 사용하여 뭔가 표식을 하던 시기는 흥륭와문화시기에 이르러 진행되는 것을 볼 수 있다. 그러므로 전기 신석기는 흥륭와문화를 소개하도록 한다.

① 흥륭와문화(興隆窪文化) 시기

흥륭와문화(興隆窪文化)는 기원전 6200년부터 기원전 5200년경까지 1000여 년간 지속되었던 초기 신석기문화로 그 분포범위는 중국 요녕성 서부와 내몽고자치구 동남부에 걸쳐 있다.

흥륭와문화는 소하서문화와 마찬가지로 요서지역의 초기 신석기시대 문화로서, 요서지역 이외에 주변지역의 선사시대문화 형성에도 중요한 영향을 끼쳤다. 흥륭와문화는 초기에 사해(査海)유적과 흥륭와유적 등이 발견되었을 때 각각 '사해문화', '흥륭와문화' 등으로 따로 명명되었다가, 연구과

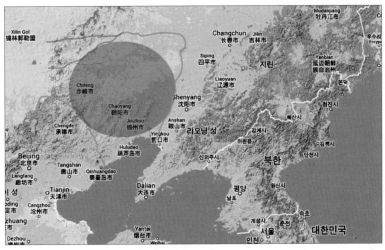

흥륭와문화 분포도

정에서 두 유적 간 상호유사성이 제기되어 '사해·흥륭와문화'로 불리기도 하였다. 하지만 최근 중국학자들은 '흥륭와문화'로 통일된 명칭을 사용하고 있다.

흥륭와문화에서 가장 먼저 눈에 띄는 특징은 큰 원형 환호를 두른 취락이라고 할 수 있는데, 흥륭와유적, 사해유적, 백음장한유적에서 환호취락이 발견되었다.

흥륭와문화 취락유적의 주거지배치는 모두 가지런하게 열을 지어 분포한다. 이는 흥륭와문화 취락지만의 특징적인 형태라고 할 수 있다.

흥륭와 취락유적 전경

흥륭와문화의 무덤은 주거지에 비해 많이 발견되지 않았다. 흥륭와문화의 무덤양식은 서랍목륜하를 기점으로 그 이남지역과 이북지역이 크게 차이가 나는데, 이남지역의 흥륭와유적, 사해유적은 수혈토광묘가 주로 발견되며, 이북지역의 백음장한유적에서는 돌을 사용한 무덤이 주로 발견된다.

두 지역 무덤의 형태를 세분하면 집안에 만드는 거실묘, 주거지 밖 움무덤, 돌널무덤, 돌무지무덤으로 나누어진다.

백음장한 돌널무덤(돌담으로 울타를 두르고 있다.)

이 문화의 질그릇은 대부분이 모래질(夾沙土器)이다. 색은 기본적으로 홍갈색과 황갈색, 시기가 뒤로 가면서 회흑색을 띠는 것이 자주 나타난다. 기형으로는 통형 단지, 발(鉢), 배(杯) 등이 있고, 중소형 관도 있다. 흥륭와문화에서 세립질의 진흙질 그릇은 아직 보이지 않지만, 간혹 마연을 하여 표면이 매끄럽고 광이 나는 질그릇들이 있는 것이 특징이다.

흥륭와문화 질그릇

흥륭와문화의 옥기는 동아시아에서 발견된 가장 이른 시기의 것이다. 옥기는 흥륭와유적, 사해유적, 백음장한유적 등에서 발견되었다. 옥기 제작에 쓰인 옥의 색은 담녹색, 황록색, 유백색 혹은 옅은 백색이다. 발견된 옥기는 옥결이 가장 많다. 옥결은 귀걸이 장식이라고 추정되는데, 무덤에서 출토된 옥결의 구체적 출토위치가 피장자의 양쪽 귀 혹은 두개골 주변이었기 때문에 그 용도를 귀걸이로 추정한 것이다.

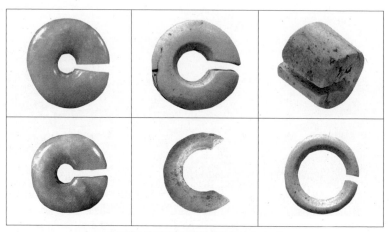

흥륭와문화 각종 옥기(귀걸이 형식이 많다.)

(2) 중기 신석기문화

적봉지역의 중기신석기문화의 대표는 홍산문화이다. 이 문화가 형성되고 발전하는 과정은 매우 오래되었는데 여러 차례 기후관계로 발전과 쇠락을 반복하였는데 현재 우리가 관심을 갖고 있는 홍산문화의 특징들은 대부분이 홍산문화 후기 것들이다. 이 후기 문화들이 소개되면서 이 문화에 대한 평가가 높아졌고 과대평가되는 양상까지 낳고 있다. 특히 이 문화의 옥기와 돌무덤은 이 문화를 평가하는데 가장 중요한 근거가 되기도 하였다. 여기서는 간단하게 홍산문화 후기의 그 특징만 소개하도록 한다.

① 홍산문화(紅山文化)시기

홍산문화(紅山文化)는 기원전 4700년경부터 기원전 3000년경까지

1700여 년간 이어졌던 문화로 중국 내몽고자치구 동부에서 요녕성 서부에 걸치는 광대한 지역에 존재했던 신석기 문화이다. 홍산문화는 통형질그릇(筒形土器)로 특징지어지는 전기문화의 요소와 채도가 사용되기 시작한 중기문화, 그리고 높은 수준의 문화발달수준이 엿보이는 제사 유적과 옥기 사용으로 특징지어지는 후기 문화의 요소로 구분할 수 있다. 1954년에 중국학계는 이 문화를 최초 발견지역인 적봉시 홍산(紅山)의 이름을 따서 '홍산문화(紅山文化)'라 이름 지었다.

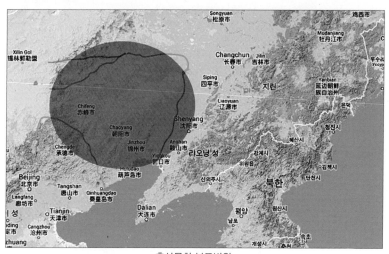

홍산문화 분포범위

홍산문화의 무덤은 돌무지 무덤(積石塚) 이 대표적이다. 홍산문화 후기인 동산취·우하량 유적지에서 보이는 무덤의 대표적인 형태이다. 돌을 판돌(板石)로 가공하여 돌무지무덤을 만들었다. 다양한 계급서열을 반영하듯 무덤방의 형태도 다양하며 순장(殉葬)으로 추정되는 딸린무덤(陪塚)들도 보인다. 이들 돌무지무덤의 외형은 피라미드 형태이다. 이러한 무덤들은 단체로 모여 있으며 대형 돌무지무덤 집단은 중간 지점이나 가장 높은 지역에 광장을 두었는데 우하량 돌무지무덤 유적이 가장 대표적이다. 우하량 유적지에서 발굴된 60여기 가량의 고분들을 보면 하나같이 돌을 이용해서 석실을 만들었고 다시 그 위에 돌을 쌓아 올려서(積石) 무덤을 만든 것을 알 수 있다. 이 무덤의 주인공들은 정치적·종교적 지배세력일 것으로 추정되고 있는데, 무덤 안에는 오직 옥기만이 부장돼 있었다. 이것은 동시대 다른 지역의 문화들에선 찾아볼 수 없는 독특한 특징이다.

우하량 2지점

홍산문화 유적에서는 홍도가 많이 발견됐다. 물론 검은 질그릇(黑陶)도 나타난다. 질그릇의 모양은 단지, 보시기, 대접, 항아리 등 다양한 종류가 있다. 생활용기로 쓰인 것들은 무늬가 따로 없으며, 무덤에 부장품으로 묻힌 것들은 붉은 바탕에 검은색 안료로 다채로운 무늬를 그려 넣었다. 무늬는 대부

채도 항아리

분 기하학적 무늬이며 이 무늬들이 무엇을 상징하는 것인지는 밝혀지지 않았다.

옥기는 홍산문화의 가장 대표적 유물이다. 주로 부장품에서 많이 발견되고 있다. 모양은 짐승 모양을 본뜬 것과 추상적인 것들로 나눠진다. 옥기 가운데 가장 대표적인 것이 C자형 옥기이다. 중국 학자들은 이 옥기가 돼지 형상에 용의 추상적 개념을 덧씌워 표현한 상징적인 물건이라고 추정하고 있다.

'C'자형 옥기

(3) 청동기시대문화

적봉지역의 청동기시대문화는 크게 두 시대가 있는데, 하가점하층문화와 하가점상층문화가 있다. 이 두 문화는 전혀 다른 계통의 문화인데, 문화발전 양상을 볼 때는 시대적으로 선대인 하가점하층문화가 훨씬 발전한 양상을 보이고 있다. 이 문화는 정주집단문화로 문화요소들을 보면 매우 다양하고 고도의 문화생활을 한 것으로 볼 수 있다. 최근 조사된 결과로 볼 때 이 시기에 문자들이 존재하지 않았나 하는 추측도 가능하게 하는 요소들도 나타나고 있다. 그러므로 여기서는 이 문화를 간단하게 소개해보도록 한다.

① 하가점하층문화 시기

요서지역에서 기원전 20세기경에 발전한 청동기시대문화는 하가점하층문화(夏家店下層文化)이다. 이 문화가 학계에 알려지기 시작한 것은 1930년대이지만 당시는 秦, 漢시기의 유적으로 생각하였고 이후 1960년 내몽고 적봉시 하가점유적이 발견된 후부터 청동기시대문화로 보게 된 것이다.

이 문화의 기원연대는 기원전 24세기경으로 추정되며 하가점하층문화가 와해되는 시기는 기원전 15세기 전후한 시기이다. 분포범위는 내몽고 동남부지역과 요녕성 서부지역을 아우르는 매우 넓은 지역이다. 이 문화의 특징적 요소들을 알아보면 다음과 같다. 유적은 집, 무덤, 성(城), 천문관측 관련 유적 등이 조사되었다. 유물로는 질그릇, 석기, 옥기, 골기, 편직기, 부호 등 다양한 것들이 발견되었다.

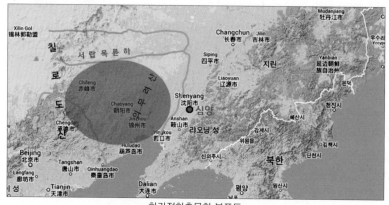

하가점하층문화 분포도

이 문화의 유적은 매우 다양하다. 집단주거지인 성, 단독 주거지들, 무덤 유적, 제단, 천문관측유적, 창고 등 매우 다양한 유적들이 있다. 이 가운데 가장 특징적인 산세를 이용한 성들을 축조하고, 이 산에 다양한 시설물을 설치한 것이다. 예를 들면 제단이나 천문관측 시설을 설치한 것이 대표적이다. 이런 유적들은 이 문화의 특징을 대변해주는 것이라 볼 수 있다. 이런 유적들은 아래와 같이 분류해 볼 수 있다.

무덤은 대개가 거주지 부근의 한 곳에 모여 있다. 이미 발굴된 대전자나 범장자 무덤떼를 보면, 비록 밀집한 형태를 보이고 있지만 배열이 정연하고 서로 중첩되는 현상이 없다. 무덤은 일반적으로 움무덤인데 움의 깊이가 깊은 편이다. 어떤 무덤은 움을 파고 나무로 묘실을 만든 것도 있었다. 큰 무덤에는 무덤 안에 벽감(壁龕)을 만들어 벽감 속에 껴묻거리를 묻었다. 또 어

삼좌점 석성 (항공사진)

삼좌점 석성의 치

성자산 석성유적 전경(남에서 북으로)

반지전하 방신 제13지점 유적 원경(정상지역이 평평하다.)

떤 무덤에는 무덤무지에 껴묻거리를 묻은 무덤도 있었다. 큰 무덤일수록 껴묻거리가 화려했고 수량도 많았다.

이 천문관측 시설은 관측뿐만 아니라 동시에 제사유적으로 사용했을 것으로 추정된다. 현재 이 문화에서 천문관측관련 유적은 오한기 성자산 산성이 가장 유력하다. 이 유적은 해발 840m 정도의 높이인데, 이 일대에서 가장 높은 산이다. 이 산 정상에는 많은 시설물이 있다. 전체 면적은 6.6km²나 되며 보존 상태가 매우 양호하다. 이런 유적들이 흔하게 발견되는 것은 아니었기 때문에 전문적으로 제사를 지내는 기능도 같이 했을 것으로 추측된다.

하가점하층문화의 유물은 문화정도에 따라 매우 다양하다. 실용기와 예기로 구별되는 질그릇, 옥기, 금속기, 옷과 관련한 편직기나 바늘, 각종 공구, 악기 등 매우 다양한 유물들이 발견되었다. 금속기 지금까지 발견된 금속기로는 청동기, 납, 금 등으로 된 것이 있다.

질그릇 중에는 세가랑솥, 세발솥, 그리고 존(尊) 등이 많이 발견되었다. 한 특수한 예로 무덤에 껴묻거리로 묻힌 기물들 가운데 "채회도(彩繪陶)"가 많이 발견되었다. 이 채회도는 매우 다양한 그림들이 그려졌는데 아마도 당시의 그들의 사유체계를 드러낸 것이 아닌가 한다.

이 문화에서는 화폐와 기

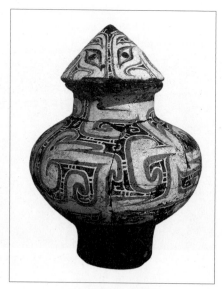

이도정자 출토 채회도

록을 하였던 점 뼈들이 많이 발견되었다. 이런 유물들의 다양함은 이 문화를 해석하는데 매우 귀중한 자료가 되고 있다. 목칠기 중에 기형을 판별할 수 있는 것은 고(觚) 뿐이다. 편직기는 가는 끈으로 만들었는데 형태가 분명치 않다. 또한 이 문화에서는 석경이 발견되었는데, 이것은 악기의 일종으로 보고 있다.

대전자 무덤출토 조개돈 무더기

하가점하층문화 석경

이 문화에서는 바위그림을 많이 활용하였다. 대부분 성이 있는 곳은 바위에 그림을 새겼는데 그 주제는 다양하였다. 대부분 입구 쪽에 그림을 새

삼좌점 바위그림

겼는데 짐승무늬, 동심원무늬, 별표시 또는 별 자리, 그리고 천문관련 무늬 등이 많았다.

이런 무늬들을 새긴 것은 아마도 당시 그들의 의사가 반영된 것으로 볼 수 있다.

3) 적봉지역의 바위그림 개요

내몽고 적봉지역은 대흥안령산맥 남록의 서쪽에 위치한다. 이 지역은 앞서 본바와 같이 반건조한 초원지대로, 이 지역은 기후에 따라 다르지만 많은 문화들이 발전하였던 곳이다. 이런 문화가 발전할 수 있었던 이유는 많지만 가장 큰 요인은 서요하의 큰 물줄기를 근간으로 많은 문화들이 발전할 수 있었기 때문이다. 이런 배경에서도 바위그림이 많이 새겨졌을 것인데, 지금까지 남아 있는 것은 적봉지역의 서쪽으로는 옹우특기, 극십극등기, 적봉시 송산구 등에서 주로 발견되었다. 최근에는 바위그림 없는 곳으로 알려졌던 적봉의 동부지역인 오한기(敖漢旗)에서도 2곳이 발견되었다. 이 소개는 편의상 행정구역별을 기초로 하되 때에 따라서는 자연지리의 분류로 한다. 각 지역별 바위그림을 소개하면 다음과 같다.

(1) 옹우특기

옹우특기는 내몽고자치구 적봉시 서북부에 있다. 동경 117°49′에서 120°43′까지, 북위 42°26′에서 43°25′까지인데, 바로 동북에서 서남으로 뻗은 형태이다. 적봉시에서 북부지역으로 또는 서북부지역으로 가는 길목으로 교통의 요충지역이다. 지세는 서에서 동으로 완만하게 기울이고 서부는 산으로 이어진다. 중부에는 낮은 산과 구릉이 많고 하곡평원(河谷平原)

이 많다. 동부 지세가 낮고 물들과 연접해 있다. 지역 내의 강물이 서랍목륜하(西拉木倫河)와 노합하 두 수계가 있다. 2012년 5월 중국 바위그림 연구센터가 진행한 옹우특기 바위그림에 대한 조사 결과에 따라 현재 옹우특기에서 이미 발견된 바위그림은 약 106폭인데, 각각 백묘자(白廟子) 바위그림 11곳, 16폭의 화면이고, 전안산(箭眼山) 바위그림 1곳에 4폭의 화면이다. 모우해산(犛牛海山) 바위그림은 27곳, 38폭의 화면이다. 그리고 대흑산(大黑山) 1곡에 48폭의 그림이 있다.

옹우특기 내에서 조사된 바위그림을 각 지역별로 간단히 소개해보면 다음과 같다.

① 백묘자산(白廟子山)

백묘자산은 적봉시 서남으로 옹우특기 진정부(鎭政府) 오단진(鳥丹鎭)까지 40km 거리이다. 적봉시까지 156.6km 떨어져 있다. 서랍목륜하와 노합하유적의 충적평원이 있다. 서북으로 5km 지점에 소랑하가 있고 서랍목륜하에 들어간다. 동북으로 해금산(海金山)까지 10km이다. 남쪽으로 송수산(松樹山) 15km이다. 백묘자산은 초원과 반사막지대에 위치한 해발이 510m 정도이다. 이 산은 남북 방향이고 남북 길이가 1.5km이고 동서 너비 200m이다. 좌표는 대략 119.36°E, 43.15°N이다. 그림의 지점은 위치한 자연환경은 전형적인 초원경관이다. 유적 주변에는 길게 연결된 낮은 모래 언덕이 있다. 그리고 붉은색과 검은색 암석들이 연결되어 있다. 이 암석들 위에 그림이 그려져 있다. 이 그림 유적 근처에는 민가 한 가구가 있고, 북측으로 수백미터 떨어진 곳에 도로 하나 있다.

이 유적에 그림이 그려진 바위들이 대부분 진한 갈색의 사암으로 촉감이 거칠다. 뿐만 아니라 풍화작용이 심해서 그림을 구분하는데 어려움이 있었다. 그림 중 거의 90%가 사람 얼굴이다. 적봉지역 바위그림 중 추상적 사람 얼굴이 가장 많은 곳이다. 제작 방법은 모두 쪼아서 만들었는데 그림들이 정연하고 세밀하게 그려졌으며 큰 작품들도 있었다. 또한 추상적이고 간략한 소형 부호도 있다. 이 두 가지 그림이 백묘자 1호 바위에서 뚜렷하게 그려져 있었다.

거서석(巨薯石) 바위그림이 백묘자 유적 중 가장 밀집한 곳이다. 이 돌의 크기가 거대하기 때문에 이름을 얻었다. 거서석에 10여개의 크고 작은 사람얼굴이 있다.

백묘산

큰 것은 바위 중간 북부에 있는데, 얼굴은 동남으로 향하고 크기는 길이는 28cm, 너비 40cm이다. 눈이 삼층 동심원이다. 눈과 코기 연결되고 동그란 선이 홈이 없다. 쌍눈 아래 많은 짧은 직선으로 새긴 것이다. 두 눈의 밖의 원권 주변에는 대칭으로 네 개의 둥근 요면이 있는데 모두 8개가 있다. 홈을 넓고 깊게 쪼았는데 균형이 잘 잡혔다. 각 부분 형제가 매우 정연하다. 사람얼굴의 이미지가 엄숙한 느낌이다. 그리고 거서석에서 멀지 않은 곳에

추상적인 사람얼굴상

별도의 바위그림 하나가 있는데, 이 그림은 앞서 말한 사람얼굴보다는 그림 내용이 복잡하지 않지만 크기는 더 크다(길이 40cm, 너비 36cm이다). 쪼은 선이 자연스러운 것을 보면 멋을 내기 위하여 여러 번 손을 대지 않은 것을 볼 수 있다. 다른 하나는 그들과 다른 간략한 소형 부호가 바위 중간 위 부분에 있다. 눈썹과 눈만 표현하고 쌍꺼풀이 새겨져 있다. 이 바위그림보다 후기 것으로 보이는 대흑산, 모우해산의 바위그림은 이 바위그림들과 매우 유사하므로 그 시대의 선후를 알 수 없는 상황이다.

② 전안산(箭眼山)

전안산 바위그림유적은 내몽고자치구 적봉시 옹우특기 오단진 하포자(下泡子) 동쪽 500m 떨어진 곳에 위치한다. 좌표는 대략 118.97°E, 43.07°N이고 해발 621m이다. 그 유적이 위치한 자연환경은 전형적인 초원성 산지이다. 이 산은 대부분이 돌산이다. 전안산 바위그림은 5폭이 모두 한 암

추상적인 사람얼굴상

석에 있다. 석질이 백묘자와 유사하지만 색이 더 진하다. 그 중에 큰 그림 하나는 길이 55cm, 너비54cm, 다른 하나는 길이 40cm, 너비 44cm이다. 이 그림은 백묘자의 가장 큰 사람 얼굴 보다 더 크다. 도안이 백묘자의 바위 그림과 같은 것도 있었다. 사람 얼굴은 세겹 동심원으로 된 쌍눈이고 아래 에 이가 확인되었다. 눈과 이 사이에 원형 요면이 있는데, 돌이 훼손되어 탁 본을 해서야 확인되었다. 눈 가운데 위부분에 원형의 흔적이 있다. 눈과 이 사이에 두 동그라미 요면이 있다. 그리고 이 주변에 타원형 오목한 홈으로 입을 표현한다. 전안산 다른 4폭의 바위그림들이 역시 표준적인 사람 얼굴 상이다.

③ 모우해산(犛牛海山)

모우해산은 옹우특기 아십한(阿什罕) 소목대영자촌(蘇木大營子村) 서북 에 위치한다. 세 개의 작은 산봉우리로 구성된 해발이 591m의 산이다. 이

모우해산 사람 얼굴상

산은 석랍목륜하와 노합하가 서로 만나는 지점에 있다. 좌표는 동경 119°
40′35.0″, 북위 42°51′47.0″이다. 그 산의 남쪽은 초지가 있다. 동서 양면
이 산과 연결된다. 산의 서측에 채석장과 작은 건물 하나 있다. 남측 수백
미터 떨어진 곳에 밭이 있고, 남측 1km떨어진 곳에 도로 하나 있다.

　모우해산에 검은색이나 홍갈색 작은 돌들이 있다. 남측 산체의 중부와
산 정상에 바위그림이 밀접하게 분포된 구역이다. 면적이 약 3000m²이다.
주제는 주로 사람 얼굴, 사람 모습, 부호들이다. 이 그림들의 대부분은 사람
얼굴들이다. 이것들을 만든 수법은 주로 쪼거나 선을 긋는 방식으로 이었
다. 그중에 사람모습은 주로 쪼았고, 부호들은 대부분 원이나 작은 직선과
곡선으로 만든 것이다. 이 유적 중 대표적인 사람 얼굴 이미지가 두 가지 종
류가 있다. 한 종류는 백묘자, 전안산의 추상적인 사람 얼굴과 비슷하다. 눈
은 동심원이고 눈썹과 코가 붙어 있다. 다른 점은 그 유적 중의 다른 추상적
사람 얼굴에 충환식 눈이 이미 약화됐다. 백묘자산, 전안산 두 유적의 정연
한 특징은 보이지 않는다. 이 바위그림은 4폭이 있는데 사람얼굴들이 모두
다르다. 다른 한 종류는 현실적인 사람 얼굴이다. 현실성이 있는 얼굴 윤곽,

눈썹, 눈, 코, 입, 그리고 머리 장식과 귀고리 등이 있다. 이 같은 그림은 백묘자산과 전안산에서는 보이지 않는다. 그림의 비율은 정확하고 엄숙한 감이 보인다. 다른 유쾌감이 보인 바위그림과는 느낌과 다르다. 이곳의 바위그림들은 이같이 정서와 표정에 대한 처리를 통해 당시 뛰어난 그림 수준을 알 수 있다. 그리고 백묘자산, 전안산 두 유적과 비교하면 모우해산 바위그림에 대량의 부호가 나타나는 특징이 있다. 위 두 지역에 모두 사람 얼굴이다. 하지만 이 유적에 동그라미, 직선, 곡선 등 다른 조합으로 된 부호들도 있었는데 수량은 사람 얼굴과 비슷한 수량이다. 이곳 사람얼굴 바위그림은 추상적 사람 얼굴, 현실적 사람 얼굴 두 종류로 나눌 수 있다. 또한 다른 4폭은 전신이 조각된 사람의 모습이 있었다. 이것은 옹우특기의 4군데 유적 중 유일한데, 대흑산 그림과 관련이 있을 것으로 된다.

④ 대흑산(大黑山)

이 산은 옹우특기 시내의 동남 방향에 있고 시내까지 직선거리로 약 12km 정도이다. 이 산의 높이는 해발 705m 이고, 좌표는 동경 119°33′06.6″이고, 북위 42°49′05.8″이다. 산에는 대부분 돌들인데 자력이 있고 검은색이나 회색이고 석질이 단단하다. 유적 주변은 사구가 많고 식물이 적은데 부분적으로 약간의 식물이 자라고 있다. 남측에는 작은 시냇물이 있는데, 지금은 물이 이미 말랐다.

대흑산 바위그림은 산체의 중간과 정상에 집중하게 분포되어 있다. 바위그림들의 방향들은 서로 일치하지 않는다. 이 유적의 가장 큰 특징이 부호 그림이 대량 존재한 것이다. 대흑산 바위그림 중의 부호가 이미 70%이상 차지한다. 사람 얼굴은 15% 정도이다. 이곳의 부호 그림은 수량적으로 절대적인 위치를 차지한다. 사람 얼굴 형상에는 변별이 가능한 추상적인 사람

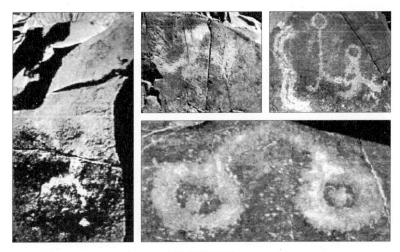

대흑산 바위그림

얼굴 이외에 복잡한 현실적 사람 얼굴 두 가지가 있다. 그리고 주목할 만한 것이 전에 이미 언급한 듯이 이 이 유적 중의 일부 부호는 사람얼굴을 추상화 시킨 것으로 볼 수 있는 것이다. 물론 당시의 그림 새긴 사람들이 순수하게 생각한 도안일 수도 있다. 이 문제는 앞으로 더 연구를 해봐야 할 것으로 본다.

(2) 파림우기(巴林右旗)

① 상금구(床金溝) 바위그림

상금구는 파림우기 동북의 강근소목(崗根蘇木) 경내에 있다. 상금구 바위그림은 상금 하곡과 상금구와 교차된 삼각지대에 있다. 도랑 동안의 절벽에 있다. 총 4조의 바위그림들이 있다. 바위그림 남으로 1.5km 가면 요나라의 회주성(懷州城) 유적이다.

② 동마종산(東馬鬃山) 바위그림

동마종산은 파림우기 동남의 호일합소목(胡日哈蘇木) 동으로 약 5km 떨어진 지점에 있다. 이곳의 주변 환경은 모두 초원이고 조사결과에 따르면 모두 4조의 바위그림들이 있다.

(3) 극십극등기 지역

극십극등기는 적봉시 서북부에 위치한다. 내몽고 고원과 대흥안령 남쪽 산지, 그리고 연산의 지맥인 칠노도산과의 접한 지대에 있다. 백차하는 극십극등기 남부에 위치하고 서랍목륜하 상류의 주요한 지류 중 하나이다.

이 강을 백차천(百岔川)이라고도 부르는데 이 강은 굽이가 많다. 이 강은 적봉시 서부의 칠노도산맥에서 시작되고 서남에서 동북으로 극십극등기 남부의 지서(芝瑞), 창의(昌議)와 만합영향(萬合永鄕)을 지나 흘러 진가영자(陣家營子)에서 서랍목륜하에 들어간다. 길이는 140km이다. 백차하 양안은 비교적 높은 산들인데 산은 높고 계곡은 깊어, 양변에 많은 절벽이 형성됐다. 지각운동과 강물의 침식으로 절벽 표면에 많은 깨진 조각이 형성됐고, 이러한 암석 표면에 오래 동안 비와 물의 침식으로 매우 매끄럽다. 바위그림의 천연의 캔버스가 되었다. 극십극등기 암각화의 87%가 이곳에 집중된다.

이 백차하의 바위그림들은 처음에 현지 농민에 의해 발견됐는데, 이것을 근거로 하여 지난 세기 70년대 이래 문물관계자들이 이곳 바위그림들을 조사하였다. 그 후 이런 자료들을 토대로 하여 적봉시 문물연구소와 극십극등기문화관이 1981년에 백차하 양안에 분포된 바위그림에 대해 전문한 조사를 했는데, 이 조사가 처음으로 진행한 백차에 대한 체계적인 조사였다.

이 조사는 적봉학원에서 주도하였는데 총 48폭의 바위그림을 발견했고,

20세기 90년대에 문물조사 작업의 진행에 따라 또 많은 바위그림들이 발견하였다. 그리고 다시 장송백 등이 백차하 양안 바위그림의 분포와 전면적인 문화내용을 이해하기 위하여 1992년 2차례로 새로 발견된 바위그림 지점에 대해 보충 조사를 했다. 이 조사에서 백차하의 바위그림 수량은 훨씬 더 늘어났다. 그 후에 개산림 등이 이곳에 대해 전면한 답사와 연구를 진행하였는데 이런 일련의 연구를 통하여 백차하 주변의 바위그림에 대한 중요성은 점점 부각되었다.

이런 관심들을 기반으로 2006년 11월 내몽고자치구 극십극등기 문물조사팀이 제3차 전국문물보편조사과정에서 이곳저곳에서 더 많은 바위그림들을 확인하였는데 총 5군데 11개의 그림들을 더 찾았다. 그 중에 5개의 그림은 그림 내용이 매우 풍부하였는데, 사람 얼굴과 태양신의 결합, 머리에 관모를 쓴 원시 우주인과 같은 모습, 머리에 호리병을 달고 있는 사람상, 달리는 말, 양, 뛰어 다니고 있는 사슴들 등 다양한 도안들이 있다. 이 발견은 지난 세기 80년데 제2차 문물조사에 이은 또 한 번의 중요한 발견이다.

지금까지 확인된 전체 백차하 바위그림들은 강의 중, 하류 산곡과 절벽으로 이어지는데 약 60km 연속된다. 그 중의 만합영(萬合永), 토성자(土城子), 책자점(柵子店), 각노영자(閣老營子) 등지에서 비교적 밀접하다. 총 10군데 50폭이 넘는다. 대표적으로 글쓴이가 답사를 통하여 확인한 각노영자 바위그림에 대한 간단한 소개를 하면 다음과 같다.

① 각노영자 바위그림(閣老營子岩畵)
각노영자는 극십극등기 만합영향(萬合永鄕)에 자리하고 있는데 이 마을은 백차하(白岔)가 관통하여 흘러 서랍목륜하로 흘러 들어간다. 바위그림은 각노영자 백차하 서쪽 바위벽에 새겨져 있다. 그림의 수량은 구체적으로 알

수 없으나 하천 암벽을 따라 300m 정도의 거리에 몇 점이 새겨져 있다. 절벽 높이는 약 5m 내외로 여기에는 주로 사슴이나 들짐승들이 그려져 있다. 어느 지점은 높은 곳에서 부터 낮은 곳까지 이어져 새겨져 있는데 이는 이 그림들의 연대를 측정하는데 도움이 될 것으로 본다. 이곳에서 초두랑진까지는 약 200km 정도의 거리인데 초두랑진 지가영자성에서도 사슴그림이 확인되는 것을 볼 수 있다. 주의를 해야 할 것은 자가영자성 동쪽부터는 점점 들짐승 그림들이 사라진다는 것이다.

각노영자 바위그림 하단부 그림들

각노영자 바위그림 지역 원경

각노영자 바위그림 바위 전경

사람 얼굴 그림

사슴 떼

여러 짐승

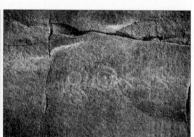

새 그림

동심원

각노영자 바위그림에서 바라본 마을 전경(남쪽)

② 백차하유역의 바위그림

▌ 사람그림

▶ 기하형 사람그림 : 극십극등기 만합영진 호각토촌(萬合永鎭 胡角土村) 서북에 400미터에 위치하고 있는데 이곳은 백차하에 200미터에 위치하고 있는 바위에 위치하고 있다.[28] 이 바위에 추상적으로 사람의 측면성을 새겼다. 머리는 새의 머리쯤 앞으로 쭉 빼고, 엉덩이부분 역시 새처럼 뒤로 쭉 뺀 형태이다. 몸통에 방형의 사람얼굴을 더 새겨 넣었다. 이런 형상에 걷는 모습을 하고 있는 모습이다. 높이는 140cm, 너비는 80cm 이다.

이 모습에 대하여 원조사자들은 청동기시대라고 고증하고 하고 있는데 근거는 없다. 다만 이 그림들을 볼 때 새의 모습에 사람을 그려 넣은 것은 분명하다. 이렇다면 혹시 사람이 새처럼 훨훨 날아가는 이상을 표현한 것이 아닌가한다. 즉 사후세계든 아니면 종교적인 이상향을 표현하는 것이 아닌가 추측된다.

---

28) 韓立新:『克什克騰岩畵』, 內蒙古文化出版社, 2013年.

▶ 관을 쓴 사람그림 : 극십극등기 만합영진 각노영자촌 서북쪽에 위치하는데 백차하와 가깝다. 큰 바위에 지표면에서 3m정도 되는 곳에 사람의 얼굴을 이목구비를 굵은 선으로 뚜렷하게 새겼다. 이 그림의 특징은 머리에 이중으로 만들어진 관을 쓰

고 있다는 것이다. 전체 그림의 너비는 1m이고, 높이는 1.2m이다.

▶ 노인 얼굴그림 : 극십극등기 만합영진 산전촌 동쪽 60m지점의 동굴입구에 있다. 이곳에는 두 폭의 사람얼굴이 그려져 있는데 표현에 서로 다른 점이 있었다. 왼쪽의 것은 톱늬바퀴 무늬가 얼굴밖으로 새겨져 있고, 오른쪽은 얼굴 안으로 새겨져 있다. 아마도 남녀를 나누는 표현을 한 것으로 보이는데 오른쪽이 큰 것으로 보아 남자로 보이고, 왼쪽은 여자로 보인다. 얼굴에 주름이 많은 것으로 보아 노인을 그린듯하다.

그림의 전체 크기는 너비는 150cm, 높이는 80cm이다.

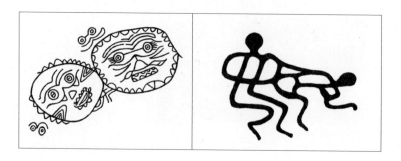

▶ 집단그림 : 극십극등기 만합영진 구문촌으로 부터 북으로 1km 떨어진 곳에 위치하고 있는데 북쪽으로 백차하와 1km정도 떨어져 있다. 이곳은 산인데, 산마루에 있는 바위에 그림이 새겨져 있다. 그림은 상, 중, 하 삼단으로 그려져 있는데 위는 둥근 사람의 얼굴이 그려져 있었고, 중간에는 세 마라의 짐승들을 매우 크게 그렸다. 아래쪽은 세 명의 사람을 그렸는데 서로 손을 잡고 있는 모습이다. 두 사람은 비율이 같고, 세 번째 사람은 작다. 원근법을 사용하였는지 아니면 부모와 자식을 나타내는 세 사람의 가족을 그린 것인지 분명하지 않다. 그러나 세 사람은 무슨 움직이는 동작을 하고 있는 것은 분명하다. 그리고 그 옆으로 작은 새모양의 그림이 새겨져 있는데, 새인지 아닌지는 좀 더 연구를 해봐야 할 것이다. 만약 새라면 세발 새로 볼 수 있다. 이 그림에서 가장 중시 된 것은 중간단계의 짐승 떼이다.

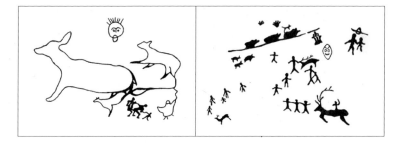

이 그림을 볼 때 맨 위의 것을 태양으로 중간 것을 말, 그리고 하단의 사람들이 춤추는 모습을 나타나내는 한 폭의 그림이라면 어쩌면 당시 제사를 지내거나 혹은 축제를 치루는 장면이 아닐까 추측해본다. 그림의 전체 크기는 너비가 320cm이고, 높이는 270cm 이다.
이외도 사람들이 모여서 공동행사를 하는 듯한 그림도 확인되었다. 사람들이 여러 명들이 곳곳에 모여 다양한 동작을 하는 것을 볼 수 있는데 이

는 축제를 열고 있는 것이 아닌가 추측된다.

▮ 짐승그림

▶ 소그림 : 극십극등기 만합영진 각노영자촌 북쪽으로 400에 위치하고 있는데, 이곳은 남으로 백차하와 150m 거리이다. 흰색안료를 사용하여 세 마리의 걸어가는 소를 그렸는데 뿔이 없는 소들  이다. 그림의 너비는 90cm이고, 높이는 70cm이다.

▶ 쌍수 말그림 : 극십극등기 만합영진구문 북촌 1km지점에 있는데, 북쪽으로 백차하가 1km지점이다. 바위에 새겨진 말 그림인데 양쪽에 머리가 달렸다. 조사자들은 이 그림을 사슴이라고 하였  는데, 이는 사슴과는 전혀 닮지 않았다. 필자가 보기에는 이것은 말 그림이다. 그림의 길이는 35cm이고, 높이는 25cm이다. 이런 말 그림은 같은 극십극등기에서 발견된 또 다른 예가 있다.

▶ 말, 낙타그림 : 극십극등기 만합영진구문 북촌 1km지점에 위치하는데, 이곳은 북쪽으로 백차하에 1km 떨어져 있다. 이곳에는 태양과 뛰는 말, 낙타 등을 그렸다. 원근법을 사용한 것으로 보이며 태양은 초원

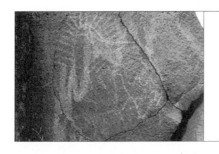

에 떠오르는 형상을 그린 것으
로 보이는데 위 부분은 빛이 발
하는 모습이고, 아래 부분은 빛
이 발하지 않는 표현을 한 것으
로 해석할 수 있다. 그림의 너비
는 130cm이고, 높이는 270cm
이다. 이런 그림은 그 부근에서

발견된 것이 또 하나 있는데 집단을 이룬 낙타들이 뛰는 모습들이다.

▶ 범그림 : 극십극등기 만합영진구문 호각촌 서쪽으로 1km지점에 있
는데 이곳은 백차하와 250m 지점이다. 이곳의 산 중턱에 그림이 새겨
져 있는데 둥근눈, 세운귀, 긴 꼬리와 얼룩무늬를 새겼다. 그 동작은 어
슬렁거리는 모습인데 이는 범의 모습이다. 크기는 길이는 65cm, 높이는

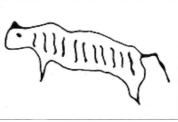

30cm 이다. 현재 중국 동북지역에서 발견되는 바위그림 중 범이 발견된 것은 매우 희귀한 예이다.

▶ 사슴떼그림 : 극십극등기 만합영진 대하촌 북쪽 1km 지점의 호접구 (胡蝶溝) 북쪽에 위치하고 있다. 이 지점은 남쪽으로 백차화와 1.1km떨어져 있다. 이곳에는 5마리의 사슴들이 무리를 지어 뛰는 것을 흰색의 안료를 사용하여 그려져 있다. 네 마리는 뿔이 매우 강조되어 있고 한 마리는 작게 그려져 있으며, 뿔이 간략하게 생략된 것을 볼 수 있다. 이것은 원근법을 사용한 것인지, 아니면 작은 새끼 사슴인지는 연구를 더 해봐야 할 것이다. 그림의 크기는 길이는 230cm, 높이는 160cm이다.

▌ 사냥그림

극십극등기 지단진(芝瑞鎭) 영흥촌(永興村) 서북 1km 지점의 산정상에 있다. 이곳으로부터 백차하까지는 약 800m이다. 이 그림은 흰안료

를 사용하여 그렸는데, 사슴을 사냥을 하는 그림이다. 사냥하는 사람들은

사슴을 타고 사냥을 하거나 걸어 다니면서 사냥을 하는 모습이다. 사냥의 도구는 활이나 창으로 하고 있다. 사냥하는 사람들은 머리에 모자를 쓰고 있는 것이 확인되었는데 이 모자들은 이 지역 바위 그림에서 발견된 것과 비슷한 형태도 있다. 그림의 크기는 너비가 250cm, 높이가 180cm이다.

이런 사냥을 하는 그림들은 이 부근에서 몇 폭이 발견되었다.

③ 점자산지역 바위그림 (帖子山岩畵)

점자산은 극십극등기 서부지역에 이치하고 있는데 이곳에서 멀지 않은 곳에 원나라 때 설치한 응창로 있는 것으로 보아 이곳은 현재 몽골 지역과 직접적으로 통하는 길목이다. 이곳에서는 주로 말과 사슴들을 그린

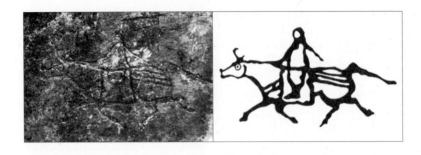

것 들이 많다.

이 그림들 중 특이한 것은 점자산 남쪽 중턱에 그려진 그림인데 어느 사람이 말을 타고 어디론가 가는 모습이다. 말에는 안장과 말고리를 매었는데 말재갈은 그려지지 않았다. 뿐만 아니라 말 깃이 거의 표현되지 않은 것을 볼 수 있다. 또한 귀가 앞으로 숙여진 것을 볼 수 있는데 일반적으로 말의 귀는 앞으로 꺾여지지 않는 것이 상식이다. 이런 전체적인 정황을 볼 때이것이 말을 타고 가는 것인지 아니면 사슴과의 다른 짐승을 타고 다니는지는 더 연구를 해봐야 할 것이다. 필자는 말보다는 사슴과에 가까운 순록의일종이 아닐까 추측해본다.

④ 서랍목륜하 유역 바위그림

서랍목륜하는 극십극등기에서 발원하여 동쪽으로 흘러들어가다가 요녕성 개원지역에서 남쪽으로 꺾어지면서 동요하와 합쳐져 발해로 들어간다.

이 유역에서는 많은 바위그림들이 발견된 것은 아니지만 이곳과 연결되어 있는 것은 옹우특기 등에서는 많은 바위그림들이 발견되었다. 이곳에서는 추상적인 사람얼굴과 짐승들이 발견되었다.

사람얼굴 중 만합영진 하연촌(河沿村) 서북 60m 둔덕위에 새겨져 있다. 이곳의 사람상은 언뜻 보기에는 추상화 같은데 자세히 보면 과장을 하여 표

현한 사람 얼굴상이었다. 이 그림들의 특징은 굵은 선으로 뚜렷하게 선을 표현하고 있다는 것이다. 두 사람을 그렸는데 두 사람 다 모자를 쓰고 있는 모습을 볼 수 있다. 이런 그림들은 이 부근에 있는 옹우특기에서 많이 발견되는 것들이다.

짐승 그림 중 사슴과 새를 그린 것이 독특한 것 중에 하나이다. 이 그림들은 아주 구체적으로 새는 날개 깃털까지, 사슴은 점박이까지 그려져 있다. 사슴은 흔히 우리가 부르는 뿔이 작은 꽃사슴으로 보인다.

⑤ 토성자지구 바위 그림

토성자는 극십극등기의 동남부지역에 위치하는데 고고학적으로 청동기시대 유적인 용두산유적이 유명한 곳이다. 이곳에서도 몇 기의 바위그림이 발견되었는데 주로 간단하게 얇은 선으로 그린 것들이다. 주로 짐승을 그린 것들이다.

(4) 음하-영금하 유역

음하는 서요하 수계에 속하고 적봉시 서북방에 위치하는데, 대묘진, 고산자향(孤山子鄉)에 지나간다. 적봉 시내에서 서남에서 온 석백하(錫伯河)와 합쳐 영금하에 들어간다. 음하 남북 양안의 지형 차이가 큰데 북안이 상대적으로 완만하고 넓다. 그래서 북안 쪽에 고대문화 유적들이 많다.

이 음하유역의 고대문화에 대한 조사가 시작된 것은 1994년으로 중국사회과학원 고고연구소가 처음 시작하였다. 이런 조사들은 현대문명으로부터 때 묻지 않은 유적들을 확인할 수 있었는데 이곳 유적들의 중요성이 점점 증가하면서 중국학계와 외국학계가 국제적으로 연합하여 조사, 연구를 진행하는 정도까지 이르렀다. 그 대표적인 예가 1994년 초에 미국 국가과학기금회(NSF)의 지원을 받아 북경대학교와 적봉학원 북방민족문화연구소, 그리고 적봉시북방문화국제연구센터가 참역하여 1960년대의 조사 성과를 기초로 하여 음하 중하류지역에 대해 전면적인 조사를 진행하기도 하였다. 이 조사의 범위는 초두랑진에서 고산자향을 걸쳐 대묘진까지였는데, 이 조사에서 약 200여 곳의 고대유적을 발견했다. 이 유적들의 시대분포를 보면 유적 11곳, 하가점하층문화 유적 70곳, 하가점상층문화 유적 87곳, 전국시대 유적 30곳 등이 찾아졌다.

위와 같은 고고학 관련 조사를 진행하였지만 바위그림 관련은 전혀 다른 방향에서 조사가 되었다. 즉 상기조사에서는 바위그림은 조사대상에 포함되지 않았다. 그러므로 별도의 조사가 진행되었는데 전광림이 조사가 대표적이다. 그의 조사에 의하여 '음하—영금하'유역에서 모두 11곳에서 바위그림을 발견하였는데, 고산자 바위그림, 평방(平房) 바위그림, 지가영자(池家營子) 바위그림, 반지전촌(半支箭村) 바위그림, 강가산만(康家山灣) 바위그림, 초두랑 바위그림, 삼좌점 바위그림, 약진관거거수(躍進灌渠渠首) 바위그

음하유역 바위그림분포도[29]

1.제1지점 2.제2지점 3.제3지점 4.제4지점 5.제5지점 6.제6지점
7.제7지점 8.제8지점 9.제9지점 10.제10지점 11.제11지점

림, 신점(辛店) 바위그림, 관가영자(關家營子) 바위그림과 홍산 바위그림 등
모두 80폭을 조사하였다.

전광림이 조사한 '음하—영금하'유역의 바위그림 중 일부를 소개해보면
다음과 같다.

① 고산자 바위그림(孤山子岩畫)

고산자 바위그림은 음하 북안 고산자촌의 고산자라고 한 작은 산의 남측
과 동측에 위치한다. 고산자에는 1곳의 하가점하층문화 유적이 있다.

전광림의 조사에 따르면 20세기 80년대 고산자 동측 아래 암석에는 많

---

29) 田廣林:「內蒙古赤峰市陰河中下遊 古代岩畫的調查」,『考古2004年 第12期』, 14쪽, 圖一.

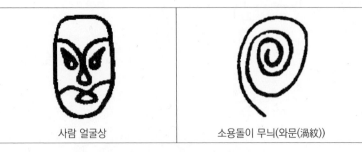

| 사람 얼굴상 | 소용돌이 무늬(와문(渦紋)) |

제2지점 고산자(孤山子)바위그림[30]

은 사람얼굴이나, 동심원과 와문이 새겨진 바위그림이 있었다고 한다. 그러나 그 후 농기계 보급소를 건설하는 과정에서 많은 그림들이 훼손되었다. 전광림의 조사 후 개산림이 조사할 때 역시 현지 사람들로부터 이 산 아래 남측과 동측에서 정부 건물과 농기계 보급소를 건설할 때 깊이 약 8m를 파내고 공사를 한 것을 알았는데, 이 단면을 분석해본 결과 6m 층에서 하가점 하층문화의 문화층을 확인하였다. 현재 그 곳에 바위그림이 2기 밖에 없다.

첫째, 사람 얼굴형 바위그림인데, 높이가 0.36m이고, 너비는 0.26m이다.

둘째, 와문을 새긴 것이다. 농기계 보급소 근처 산 아래의 암석에 있다. 두꺼운 하가점하층문화 퇴적층 아래에 있다. 줄은 4바퀴로 맴돈다.

② 평방 바위그림(平房岩畫)

평방 바위그림은 초두랑진 평방 자연촌 동쪽 300m 수로 수문 근처의 음하를 향한 작은 산에 위치한다. 바위그림이 모두 2개가 있다. 지표로부터 6m 정도의 높이에 있다.

첫째, 사람 얼굴로 오관이 모두 뚜렷하다. 그림 높이는 0.73m이고 너비

---

30) 田廣林:「內蒙古赤峰市陰河中下遊 古代岩畫的調査」,『考古2004年 第12期』, 14쪽, 圖二.

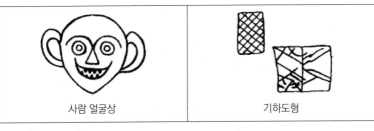

| 사람 얼굴상 | 기하도형 |

제3지점(평방) 바위그림[31]

는 0.53m이다.

둘째, 기하 무늬의 바위그림이고 사람 얼굴형 바위그림 우측 아래 약 4m 떨어져 있다. 이 그림은 높이가 0.57m, 너비가 0.55m이다.

③ 소협대구 바위그림(小狹歹溝岩畫)

소협대구 바위그림은 초두랑진 반지전촌 맞은편 음하 북안에 많은 바위그림들이 있는데, 그중에 소협대구가 가장 많이 있는 것으로 확인다. 앞서 말한바와 같이 여기에는 많은 바위그림들이 있었으나, 근년에 촌민들의 채석과 도로 건설 등 행위로 인해 대량의 바위그림이 파괴를 당했다. 전광림 등이 조사할 때 이미 얼마 남지 않았었다. 조사된 40개 중 9폭의 짐승, 식물, 기하 무늬와 그림 부호를 제외하고 다른 것이 모두 사람 얼굴형 바위그림이다. 그러나 사람 얼굴형 바위그림의 조형은 다르다. 어떤 것은 머리와 얼굴의 윤곽이 있고, 오관이 뚜렷하나 어떤 것이 눈만 있다. 대부분 사람얼굴그림에는 머리 장식이 없다. 개별적으로 머리에 장식물이 있는 것들이 있고 얼굴에 곡선문이 새겨진 것들도 있다.

---

31) 田廣林: 「內蒙古赤峰市陰河中下遊 古代岩畫的調查」, 『考古2004年 第12期』, 14쪽, 그림3.

사람 얼굴조도	사람 얼굴조도	사람 얼굴상 (부분)	사람 얼굴상 (부분)
사람얼굴상	사람얼굴상(부분)	식물도형	사람얼굴상
사람얼굴상(부분)	사람 얼굴상	사람얼굴형상	사람얼굴조합
사람얼굴상(부분)	사람 얼굴상	사람 얼굴상	사람얼굴상(부분)
사람얼굴상	사람얼굴상	사람 얼굴형 도상	거폭사람 얼굴상

사람얼굴상	효수도	사람 얼굴조도	새그림
사람 얼굴조도	인수조합도		

제4지점 제2조 (소협대구)바위그림[32]

④ 강가만 바위그림(康家灣岩畫)

강가만 바위그림은 초두랑진 강가만 자연촌(自然村)에 위치한다. 현지 사람들은 강가만이라고 부른다. 북쪽으로 음하 북안의 대지가 있고 남쪽은 강옆의 절벽과 접한다. 음하가 북에서 남으로 흐르면서 강가만촌에서 서쪽으로 방향을 돌려 동쪽으로 지나가면서 만이 형성된다. 절벽 북측의 대지에 상고문화 무덤, 거주지 등 유적들이 밀접하게 분포되어 있다. 지표에서 대량의 유물들이 발견되었다. 신석기시대의 유물들은 대부분 북부 산등성 위의 평탄한 대지에 분포되어 있고 하가점하층문화나 상층문화의 유물들은 대부분 강 옆의 비탈에 분포되어 있다. 이곳이 음하 중하류의 또 하나 고대 바위그림이 집중하게 분포한 구역이다. 아깝게도 근년 이래 현지 농민들이 채석과 도로 건설 등 행위로 대부분 바위그림이 훼손됐다. 전광림이 선후로 조사한 바위그림이 총 12개가 있다. 소량의 짐승과 기하 무늬를 제외하고 대부분 사람 얼굴형 바위그림들이다. 그 중에 하나는 강가만촌 동쪽의 물굽이와 음하 합류한 곳 북안의 큰 돌에 있다. 이것이 현재 음하 중하류 유역에

---

32) 田廣林:「內蒙古赤峰市陰河中下遊 古代岩畫的調査」,『考古2004年 第12期』, 16쪽, 그림6.

서 발견된 가장 크고 내용이 가장 풍부한 그림이다. 면적이 약 3m×2.2m
의 공간에 밀접하게 여러 가지 모양이 다른 70여개 형태의 사람 얼굴형 바
위그림들이 있다. 2004년 이 암석은 적봉시 신성(新城)의 석박원(石博園)으
로 옮겼다.

康家山灣 바위그림 바위

康家山灣 바위그림 국부

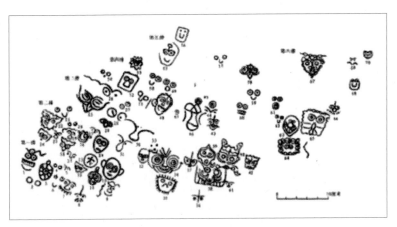

康家山湾 바위그림 분포도

짐승얼굴상	사람 얼굴상	귀형상	사람 얼굴상
사람 얼굴상	사람 얼굴상	사람 얼굴상	짐승얼굴상
짐승얼굴상	사람 얼굴상	짐승얼굴상	짐승얼굴상

짐승얼굴상	사람 얼굴상	사람 얼굴상	짐승얼굴상
사람 얼굴상	짐승얼굴상	짐승얼굴상	사람 얼굴상
사람 얼굴상	짐승얼굴상	사람 얼굴상	짐승얼굴상
짐승얼굴상	사람 얼굴상	사람 얼굴상	사람 얼굴상
짐승얼굴상	짐승얼굴상	짐승얼굴상	사람 얼굴상
짐승얼굴상	짐승얼굴상	짐승얼굴상	사람 얼굴상

짐승얼굴상	짐승얼굴상	짐승얼굴상	짐승얼굴상
사람 얼굴상	짐승얼굴상	짐승얼굴상	사람 얼굴상
사람 얼굴상	부지명도형	와문도형	사람 얼굴상
짐승얼굴상	짐승얼굴상	짐승얼굴상	짐승얼굴상
짐승얼굴상	사람 얼굴상	짐승얼굴상	사람 얼굴상
사람 얼굴상	짐승얼굴상	사람 얼굴상	사람 얼굴상

짐승얼굴상	사람 얼굴상	짐승얼굴상	짐승얼굴상
짐승얼굴상	짐승얼굴상	짐승얼굴상	짐승얼굴상
짐승얼굴상	짐승얼굴상	인물, 짐승과 기하도형	기하도형
짐승도형	사람 얼굴과 기하도형	사람 얼굴과 부호도형	짐승과 기하도형
사람 얼굴조도	도면부호	도면부호	추상사람 얼굴조도

제5지점 강가산만 바위그림[33]

⑤ 지가영자 바위그림(池家營子岩畫)

음하 북쪽 강안의 초두랑진 지가영자촌 북쪽의 흘탑산(疙瘩山) 남파에 위치한다. 흘탑산 정상 대지에 하가점하층문화의 대형 석성이 하나 있다. 총 면적은 약 10만m² 정도이다. 음하 중하류 구역 내의 가장 큰 석성 성터이다. 성 내에 원형 반지하식 집자리가 밀접하게 분포되어있기 때문에 현지 사람들이 이것을 흘탑산이라고 부른다. 성의 주변에 많은 낮은 절벽을 형성한 바위들이 분포하는데 이런 환경은 바위그림들이 새겨지기에 충분한 여건으로 볼 수 있다. 이 성을 중심으로 크고 작은 성이 약 10여개가 분포하고 있는데, 이로 볼 때 이 성은 하가점하층문화의 지역 거점성으로 볼 수 있다. 바위그림은 석성 남쪽 벽 밖의 암석에 있다. 내용은 호랑이, 사슴 등 짐승과 와문 무늬 등 총 5개가 있다. 그 중에 병렬한 두 와문의 회전방향은 하나는 왼쪽이고 하나는 오른쪽이다. 그림 높이는 0.4m이며 너비는 0.18m이다. 같은 암석 상부에는 문자 같은 흔적이 있다.

기본적인 조사는 전광림 등이 이미 진행을 하였다. 그 후 한국의 최광식 교수가 조사단을[34] 구성하여 답사를 하던 중 전광림이 조사를 했을 때 찾지 못했던 중요한 그림을 확인하였다.[35] 바위그림들이 집중적으로 분포한 지역은 성의 남서쪽에 집중적으로 분포하고 있었다. 이 지역은 성으로 들어가는 입구로 많은 사람들이 왕래가 있던 곳이다. 그래서 특별한 의미를 부여하여 바위그림들을 새겼을 가능성이 높다.[36]

---

33) 田廣林:「內蒙古赤峰市陰河中下遊 古代岩畫的調査」,『考古2004年 第12期』, 19쪽, 圖八.

34) 이 조사단에는 최광식, 정운용, 박경철, 박대제, 복기대 등과 당시 고려대 대학원 박사과정 학생이 2명이 참여하였다.

35) 이 성의 바위그림에 대한 연구는 최광식 등의 논문에 자세히 소개되었다.

36) 최광식:「韓國 靑銅器時代 岩刻畫의 起源에 대한 試論」,『한국사학보』37, 400~401쪽, 2009.

가장 규모가 크고 많은 그림이 새겨진 바위는 짐승모양으로 윤곽을 잡은 후 최대한 평평하게 마름질을 하고, 그림을 새겼는데, 주로 기하무늬와 짐 승무늬를 새겼다. 여기에 새겨진 그림은 서로 겹쳐지질 않는데, 이는 아마 도 새긴 사람들이 주의를 했던 것으로 보인다. 이 바위외도 주변에 몇 기의 바위에 그림을 새겨놓았는데, 짐승무늬와 원형이 대부분이었다.

지가영자성 입구 곰바위 그림 전경

지가영자성 입구 곰바위 그림 탁본

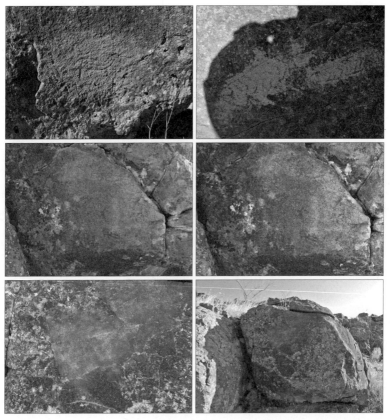

지가영자성 입구 짐승그림

　이 곳 이외에 동쪽 입구로 추정되는 계곡 쪽에서는 동심원을 새긴 그림
이 있었다.[37] 이 동심원은 전체 벽면이 0.5평 정도의 크기 바위 하단에 새겨
져 있다. 그림은 3겹으로 되어 있는데 전체 지름은 약 30cm 정도 된다. 전
체 적봉지역 일대에서 매우 희귀한 것으로 평가 받고 있다.

---

37) 글쓴이가 다시 현장을 조사하는 과정에서 확인하였다.

지가영자성 입구 소용돌이 무늬그림

지가영자성 남동쪽 동심원 및 소용돌이 무늬 바위

지가영자성 남동쪽 동심원 구체도

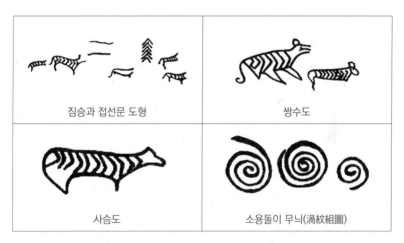

짐승과 접선문 도형	쌍수도
사슴도	소용돌이 무늬(渦紋組圖)

제2지점 흘탑산(疙瘩山)바위그림[38]

---

38) 田廣林: 「內蒙古赤峰市陰河中下遊古代岩畫的調査」, 『考古 2004年 第12期』, 15쪽, 圖四.

⑥ 상기방영자 바위그림(上機房營子岩畫)

상기방영자 바위그림은 초두
랑진 상기방영자촌 뒤의 절벽 아
래 검은색 암석에 있다. 바위그
림은 가로로 3기의 사람 얼굴형
그림들이 새겨져 있다. 그 중에

사람 얼굴조도

제6상기방영자

두 개는 눈썹, 눈, 코가 다 있다. 하나는 두 눈만 있다. 모두 얼굴 윤곽이 없
다. 그림 높이가 0.15m이고 너비는 0.47m이다.

이외에도 상기방영자를 비롯한 여려 지역에서 작은 바위그림들이 확인
되었는데 '방패형'이라는 모습이 대부분이다.[39]

상기방영자 석성

---

39) 최광식: 「韓國 靑銅器時代 岩刻畫의 起源에 대한 試論」, 『한국사학보』37, 387~420쪽,
2009년.

⑦ 삼좌점 바위그림(三座店岩畵)

삼좌점 바위그림은 초두랑진 삼좌점촌 동쪽에 위치한다. 총 5개 있다. 그 중에 3개는 사람 얼굴형 바위그림이다. 이미 무늬화 된 사람 얼굴상이다. 두 눈, 이마, 그리고 입과 코들이 상하 대칭한 삼각형 모양이 된다. 두 눈 아래 절선문이 있다. 그림 높이는 0.15m이고 넓이는 0.21m이다. 다른 두 개 사람 얼굴형 바위그림은 음하 좌안의 동자산(洞子山) 하가점하층문화 석성 유적에 위치한다. 눈을 돌리는 사람 얼굴형 바위그림이다. 지가영자 소용돌이 무늬 바위그림과 비슷하다. 3개는 2006년에 내몽골문물고고연구소가 발굴할 때 나온 것이다.

| 사람 얼굴상 | 짐승조도 |

제7삼좌적 바위그림[40]

삼좌점 석성에서는 많은 바위그림이 발견되었다. 사람 얼굴상, 성혈, 바람개비 무늬 등등 여러 가지가 발견되었다. 어떤 것은 완성된 것도 있고 어떤 것은 완성되지 않은 것도 있다. 이곳에서 발견된 것 중 가장 이목을 끄는 그림은 성안으로 들어가는 정문 앞에 세워진 사람 얼굴상이다.[41]

---

40) 田廣林:「內蒙古赤峰市陰河中下遊古代岩畵的調査」,『考古2004年 第12期』, 22쪽, 그림 11.

41) 內蒙古文物硏究所:「內蒙古赤峰市三座店夏家店下層文化石城遺址」『考古』, 2007年 第7期.

이 그림은 원래 그 자리에 있는 바위에 그린 것이 아니라 그림을 그려서 이곳에 옮겨 세운 것이다. 자세히 보면 이 바위는 약간 뒤로 젖혀진 모습을 하고 있도록 잘 고여서 세운 것을 볼 수 있다. 이는 분명 다른 의미가 있을 가능성이 있다.

삼좌점 석성 입구 전경(흰천부분이 소용돌이무늬바위그림 위치)

삼좌점 석성 입구 소용 돌이 무늬 바위 그림

삼좌성 소용돌이 무늬

삼좌점 석성 성혈 그림

이 그림의 내용을 꼼꼼히 분석해보면 사람의 얼굴이 아니고 소용돌이 모습을 하고 있는 모습이다. 이런 모습은 흔히 별 떼와 관련이 있을 것이라는 것이 대부분의 생각이다. 이 바위를 가까이서 보면 정면으로 보이지만 멀리서 보면 측면으로 서있다는 것을 볼 수 있다. 무슨 표식을 한 것인지 분명하지 않으나 이 그림의 방향은 160도 정도를 향하고 있다. 이 각도는 사계절 중 동지를 표시하는 각도로 아마도 천문을 표시하는 그림이 아닐까 추측해 본다.

이 그림이외도 뭇 별들을 새긴 것으로 추정되는 것이 확인되었다. 이 바위그림은 집안 울타리에 세워진 돌에 새긴 것으로 많은 구멍들이 새겨졌는데 구멍의 지름은 1~3cm정도로 규율은 없이 새겨졌다. 이외에도 바람개비 형태, 사람 얼굴 모양 등의 그림들도 확인되었다.

다른 하나의 특이한 것은 바위
에 매우 큰 구멍을 뚫은 것이 있
는데, 지름이 10cm정도이고, 깊
이는 10cm이상 되는데 매우 정
교하게 구멍을 뚫었다.[42]

삼좌점 소용돌이무늬

⑧ 약진수로 바위그림(躍進渠渠首岩畵)

약진수로 바위그림은 당포지 만족향 지경 내의 약진 수로 서쪽 약 50m
지점에 있는 석벽에 있다. 지표까지 약 1.5미터이다. 새겨진 것은 사람 얼
굴, 와문, 서있는 사람 등이 포함된 세 기의 바위그림들이다.

첫째, 사람 얼굴형 바위그림의 귀, 코, 입, 눈썹, 눈 등 오관이 뚜렷하게
있고 머리카락이 있으며, 관을 쓰고 있다. 그림 높이가 1.1m이고 너비는
0.8m이다. 둘째, 세워진 인상의 오관이 모두 뚜렷하고 두 귀가 강조되었고,
머리에 높은 관을 쓰고 있다. 그림 높이는 0.12m이고 너비는 0.12m이다.

셋째, 몸에 초롱 모양 옷이 입고 있으며 옷의 아랫단에는 꽃잎 모양 장식

---

42) 이것은 그림으로 볼 수 있는 것은 아니다. 다만 마땅히 소개할 곳이 없어 이곳에 소개하는
것이다.

약진수로 바위그림

| | 소용돌이무늬 | 인상과 와문조도 |

제8지점 (약진수로) 바위그림[43]

이 있다. 두 팔을 흔들고 있으며 오른손에 원형의 방울하나를 들고 있다. 두 다리가 벌어져있다. 그림 높이는 0.91m이고 넓이는 0.77m이다.

⑨ 왕가영자 바위그림(王家營子岩畫)

왕가영자 바위그림은 당포지 만족향 왕가영자촌에서 서쪽으로 400m 떨어져 있는 약진 수로 북측 절벽에 있다. 동서 100미터 안 되는 범위 내에 사슴, 사람 얼굴형, 서있는 사람 등이 포함된 5개의 바위그림이 발견됐다. 이 가운데 사람얼굴이 7폭이 있었고, 서있는 사람은 모두 옆모습을 그렸다.

---

43) 田廣林:「內蒙古赤峰市陰河中下遊 古代岩畫的調査」, 『考古2004年 第12期』, 22쪽, 그림12.

첫째, 서있는 사람상 아래 두 개 좌우 병렬된 방형의 사람 얼굴형 그림이 있다. 그림의 높이는 1.1m이고 너비는 0.33m이다.

둘째, 사람 얼굴이 사슴과 같이 그려진 것이 두 개 있다. 그 중에 하나는 세 사람의 얼굴과 두 마리의 사슴의 조합 무늬가 있다. 사람 얼굴은 오관이 모두 뚜렷한데 거란의 가면과 비슷하다. 그림의 높이는 1.5m이고 너비는 1.2m이다.

셋째, 아래위로 두 마리 사슴이 있고 아래는 오관이 뚜렷한 사람 얼굴을 새겼다. 그림의 높이는 1.5m이고 너비는 1.2m이다.

넷째, 그림의 위 부분에 두 마리 사슴이 있고 아래에 오관이 뚜렷한 사람 얼굴이 있다. 그림의 높이는 1.5m이고 너비는 0.97m이다.

다섯째, 사람 얼굴형 바위그림이 바람에 의해 심하게 훼손되어 선명하지 못하나 윤곽은 뚜렷하다. 그림의 높이는 0.3m이고 너비는 0.3m이다.

제10지점 왕가영자 바위그림[44]

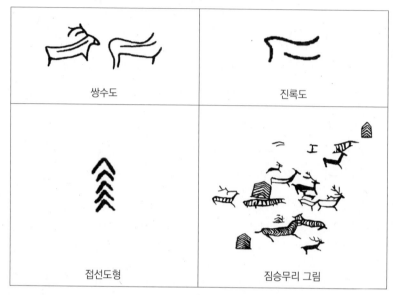

| 쌍수도 | 진록도 |
| 접선도형 | 짐승무리 그림 |

제9지점 신점 바위그림[45]

| 백음장한 사람 얼굴상 | 홍격력도 사람 얼굴상 | 홍격력도 사람 얼굴상 |

흥륭와문화 사람 얼굴상[46]

44) 田廣林:「內蒙古赤峰市陰河中下遊 古代岩畫的調査」,『考古2004年 第12期』, 23쪽, 그림14.

45) 田廣林:「內蒙古赤峰市陰河中下遊 古代岩畫的調査」,『考古2004年 第12期』, 22쪽, 그림13.

46) 田廣林:「內蒙古赤峰市陰河中下遊 古代岩畫的調査」,『考古2004年 第12期』, 25쪽, 그림16.

⑩ 홍산 바위그림(紅山岩畵)

홍산 바위그림은 음하, 석백하, 소소하가 합류하는 지점인 적봉 시내 홍산의 주봉 동쪽 산에 위치한다. 지표까지 약 10여 미터 높은 절벽에 있다. 소문에는 홍산 절벽에 많은 바위그림들이 있다고 하였다. 그러나 조사과정의

홍산 바위그림

안전성 때문에 조사된 것은 몇 개 되지 않는다. 여기에서 동심원이 발견되었는데, 이것에 대하여 전광림과 개산림 등은 사람 얼굴로 인식하였다. 그림의 높이는 약 0.3m이고 넓이는 0.15m이다. 사람 얼굴 아래 약 0.2미터데서 튀어나온 절벽의 평대에 많은 요혈이 발견됐다.

(5) 오한기 지역

① 오한기 성자산 산성 바위그림

성자산 산성은 해발 900m 내외의 높은 고지에 있는 성이다. 이 성에 대한 연구는 많이 진행되고 있는데 전체 면적이 약 15만m²로 매우 넓은 성이다. 이 성 주변에는 아직 바위그림이 발견되었다는 보

성자산 바위그림떼

고는 없다. 그러나 답사단이 현지를 답사하는 과정에서 동네 양치는 노인들이 알려줘 확인한 몇 건이 있다. 주로 성의 중간 부분 동쪽 밖으로 판을 이

룬 바위들이 즐비하게 분포하고 있었다. 이곳에서 성혈로 보이는 구멍들이 매우 얕게 새겨져 있었다. 한 바위에 많게는 10여개, 적게는 1~2개 등으로 이런 바위들은 크고 작은 것을 포함하여 약 10개 내외가 있었다. 구멍의 크기는 2~3cm이고 깊이는 몇 mm이다. 또한 전체 구멍들이 규율성은 보이지 않는다.

오한기 성자산 산성 바위그림 전경

성자산 산성 바위그림 성혈 및 큰 구멍

성자산 산성 기하무늬

이렇게 작고 얕은 구멍을 새긴 것은 바위가 화강암이라서 같은 돌로 새긴다하여도 쉽지 않기 때문에 중단한 것으로 보인다.

이런 이유는 성자산 산성유적이 차지하는 적봉지역의 고대문화에서 매우 중요한 위치를 차지하고 있지만 바위가 매우 단단한 화강암이라 그림을 새기기 매우 어렵기 때문에 바위그림이 많지 않은 것으로 추측된다.

② 오한기 사가자진(四家子鎭) 소고력토촌(小古力吐村) 대왕산(岱王山) 바위그림

오한기 사가자진, 초모산 근처에 있는 소고력토촌의 대왕산 석성 유적지를 답사하였다. 이 유적은 오한기의 남쪽에 위치하고 있으며, 입지는 해발 580m의 구릉에 자리잡고 있으며, 그 북쪽에는 높은 산들이 둘러싸고 있는 형태이다. 현재 이 근처를 지나는 하천은 노호산하(老虎山河)인데 대왕산의 남쪽을 흐르고 있다. 이 유적의 좌표는 41°52.676′, E120°07.798′ 이다.[47]

한편 석성의 외부 남쪽 지면에는 넓은 바위들이 자리잡고 있는데, 그 바위를 자세히 보면 글자와 구멍들이 뚫려있는 것을 볼 수 있다. 바위 한 부분 당 길이 1~3m, 너비 1m~2m 정도이다. 바위는 임의로 5부분으로 나누었다.[48]

바위그림이 새겨진 바위 전경

47) 이 위치는 구글에서는 '小古立吐'라고 되어 있다.

48) 이 책에서는 간단하게 소개만 하기로 한다.

1번 바위

　1번 바위의 크기는 다른 바위들과 비교해 가장 크며, 글자와 문양들이 많이 그려져 있다. 山자와 王자, 중국식 간자인 '會'자 등의 글자와 여러 곳에 큰 구멍들이 파여 있는 것을 볼 수 있다.

2번바위

2번바위 세부

　2번 바위에는 지름 2~3cm정도의 성혈들이 계속 파여진 것을 볼 수 있는데, 그 의미가 무엇인지 파악하는 것은 어렵다. 나머지 바위들도 이런 성혈이 파여진 것을 볼 수 있다.

　여러 바위에 새겨진 한자의 간체자는 현대나 근대에 이르러서 새겨진 것으로 보이며, 바위구멍들과의 연관성은 없는 것으로 보인다. 앞으로 이 유적을 연구하는데 있어서 근래에 파여진 것들에 대한 철저한 분리가 필요하다고 본다. 그래서 다른 신석기시대, 청동기시대에도 나타나는 바위구멍이 훨씬 더 중요할 것으로 생각된다.

이 바위그림 유적은 단순하게 그림 혼자만 덜렁 있는 것은 아니다. 앞서 말한바와 같이 부근에 석성 유적이 있고, 그 안에는 무덤 유적과 비슷한 돌무지들이 쌓여 있다.[49] 이런 것들을 보면 이 바위그림들은 이 유적과 관련 있지 않을까 한다. 그렇다면 이 그림들은 홍산문화시기의 바위그림으로 추정도 가능할 것으로 본다.

지금까지 발견된 적봉지역에서 바위그림은 주로 극십극등기, 음하, 영금하 유역, 아노과이심기, 파림우기, 옹우특기, 오한기 등 6개 구역에 분포한다. 현존 연구는 극십극등기, 특히 백차하 유역, 음하, 영금하 유역 두 구역의 바위그림에 대한 소개가 비교적 상세하다. 그리고 오한기지역은 글쓴이가 이곳저곳 답사를 하면서 확인하여 그 존재를 알 수 있었다.

현재 조사된 적봉지역의 바위그림은 사람 얼굴. 가장 많은 75%를 차지하고 제작도 가장 정밀하게 되어 있다. 그러나 완전한 얼굴형과 부분적으로 생략하여 그린 것도 많이 있다. 하지만 모두 눈을 강조한다. 사람 얼굴형 바위그림이 이렇게 밀접하게 나타난 것이 사람에게 어떤 관념이나 특별한 의미를 보여준다고 볼 수 있다. 이것이 적봉지역 바위그림의 또 하나의 특징이다.[50] 그리고 소용돌이 무늬, 짐승무늬, 성혈, 동심원 등이 있었다.

---

49) 이런 유적의 특징은 홍산문화에서 볼수 있는 것들인데 아직 구체적인 조사는 진행되지 않았다. 이런 것과 관련하여 글쓴이는 동북아시아 석성의 기원을 홍산문화에서 찾았는데 이것이 만약 홍산문화의 석성이라면 동북아시아 석성의 기원이 홍산문화라는 것에 또 하나의 방증이 될 것으로 본다.

50) 사람 얼굴상은 모두 선사시대로 보는 것은 안 된다. 몇몇 그림에서는 불교적인 요소가 짙은 것들이 많이 있다. 그러므로 이런 그림은 서로 분류를 해야 할 것이다.

적봉지역 사람 얼굴 바위그림에 대한 조사와 연구 성과는 주로 사람 얼굴 바위그림의 기본 상황, 연대 구분, 그리고 의의의 해석 등 3가지이다.

제작방법에 대해서는 적봉의 사람 얼굴 바위그림은 주로 마제와 착극법이 결합한 기법을 이용한다. 그리고 극십극등기의 유수광촌과 파림우기의 바위그림에 연료를 사용했다. 주목할 것은 음하, 영금하 유역의 왕가영자촌 바위그림에 거의 같은 두 사람 얼굴을 그렸는데, 굵기가 다른 두 선의 굵기 표시로 남녀의 차이를 보여줬다. 그리고 음하, 영금하 유역의 고산자향, 반지전하 서쪽, 그리고 옹우특기 아십한 바위그림은 선이 가늘고 구도가 아주 규칙적이다. 바위그림의 저자가 능숙한 그림 기법을 파악하고 화면의 구도에 대하여 이해를 하고 있는 것으로 볼 수 있다.

연대구분과 바위그림 형성배경같은 분야는 아직 구체적으로 시도를 하지 않았는데, 이 글에서 글쓴이는 일부 시도를 하고자 한다. 전체적인 흐름을 볼 때 선사시대는 흥륭와문화, 홍산문화, 하가점하층문화시기에 집중하는 것으로 보인다. 물론 이 시기 이외에 불교적인 색채가 있는 것으로 보아 4세기 이후의 것도 있는 것으로 추정된다.

2. 적봉지역 바위그림과 각 문화와의 관계

이 지역에서 사람들이 모여 질그릇을 만들어 쓰면서[51] 살던 시기가 언제쯤일까 하는 것이다. 앞서 필자는 지금으로부터 약 1만년 전부터 정주생활은 시작된 것으로 추측되고 이 시기부터 사람들은 매우 다양한 사고들을 체계화하기 시작한 것으로 보인다.[52] 그렇다면 이 시기부터 집단적인 생활로

---

51) 필자는 사람들이 질그릇을 만들 수 있는 가능성은 노지에서 불을 피우는 습관에서부터 시작된 것으로 추측하고 있다. 노지에서 불을 피우기 위해서는 노지를 평평한 곳 보다는 움푹 패인 곳이 불을 붙이기 쉽기 때문에 먼저 사각형이든 원형이든가에 움푹 파고 나서 불을 지폈을 것이다(지금까지 발견된 대부분의 노지들은 앞서 말한바와 같다). 이렇게 노지를 만들어 불을 피우면서 오랫동안 사용하다가 알 수 있었던 것은 오랫동안 사용하였던 움푹 패인 노지에 물을 부어도 쉽게 새지 않는 다는 것을 알았을 것이다. 이런 원지를 알고 난후 이 원리를 착안하여 그릇을 만들지 않았나 추측해본다. 사람들이 그릇을 만드는 원리를 안 것은 당시 생활과정에서 전혀 종이 다른 도구였다. 그러므로 절대로 필요한 것을 알았지만 당시 일반 생활에서 알 수 있는 것이 아니었기 때문에 분명 아주 엉뚱한 곳에서 얻은 경험으로 그릇을 만들었을 것이다. 이 경험을 통하여 얻어진 그릇 만드는 기술은 구석기시대라는 유랑적인 이동을 끝내고 정착을 하는 가장 큰 요인이 되지 않았나 추측해본다.

52) 이런 정주문화의 시작은 이 지역에서만 국한되는 것이다. 다른 지역에서는 이미 3만 년 전부터 정주생활을 시작하여 동굴에 그림을 그리거나 새기기 시작하였다. 이렇게 일찍부터 집단으로 모여 사람들이 살기 시작한 지역들은 대부분이 사람들이 살기 좋은 자연조건들이 형

인하여 기록문화의 필요성을 느꼈을 것이다. 이 기록의 종류는 매우 다양했을 것이지만 대부분은 생활과 밀접한 것들이었을 것이다. 물론 이런 다양한 것들은 초기에는 정확한 형태보다는 그 형태를 흉내 내는 수준에서 새겼을 것이다. 이런 초기의 것이 점점 발달하여 규격화되는 것을 볼 수 있는데, 이 과정은 원근법과 길이를 고려하고 형태를 고려하여 비율적으로 그림을 그리고 있다는 것을 볼 수 있다. 이렇게 발전하는 과정을 겪으면서 여러 목적을 달성하는 바위그림 조합이 이뤄진 것이 아닌가 한다. 그러므로 남만주 지역에서 바위그림의 시작은 정주형 주거형태로 변하는 지금으로부터 1만 년 전후시기부터 시작된 것이 아닌가 추측해본다. 이 시기부터 서서히 신석기문화시기로 들어가는데 적봉지역을 포함한 요서지역에서 가장 이른 시기의 신석기문화는 소하서문화이다. 그런데 아직 소하서문화 시기에는 아직 돌에 무엇인가를 새긴 것은 확인되지 않아서 구체적으로 말하기는 어렵다. 그 이유는 아직 소하서문화에서는 그 근거가 될 수 있는 유물이 발견되지 않았기 때문이다.

그렇지만 흥륭와문화시기에 들어서면서 구체적으로 돌을 사용한 조각들이나 가면들이 나타나기 시작한다. 뿐만 아니라 정교한 옥기들도 사용하는 것을 볼 수 있다. 그들이 돌을 다루는 솜씨를 보면 이미 사람들의 형상을 그들이 생각대로 자유자재로 만들고 있었다. 아주 사실적으로 표현하기도 하고, 아주 추상적으로 표현하기도 하고, 또한 아주 간결하게 표현하기도 한다. 이렇듯 그들이 돌을 다루는 솜씨는 주변지역에서 볼 수 없는 뛰어난 솜씨를 자랑하고 있었던 것이다.

성되어 있었기 때문에 가능했을 것이다. 대표적인 지역이 프랑스와 에스빠니야 접경지대라고 볼 수 있는데, 대표적으로 알타미라 동굴이 여기에 속한다고 볼 수 있다. 최근 연구결과를 보면 프랑스에서는 지금으로부터 7만 년 전 집단생활을 했을 것으로 추정되는 곰의 무덤이 발견되었다고 한다. 참조: 미셸 파스투로; 『곰, 몰락한 왕의 역사』, 주나미 옮김, 오롯, 2014.

백음장한 석인상

　무덤을 만들 때도 자연 돌을 사용하여 만든 것이 아니라 돌을 하나하나 사각형이나 반원형으로 다듬어 만들었던 것이다. 그리고 간혹은 돌을 한 켜, 한 켜로 켜서 무덤을 만들기도 하였다.[53] 이렇듯 돌을 다루는 솜씨가 아주 뛰어난 것을 볼 수 있다. 이런 기술들을 보유하고 있었던 사람들이 바위에 그림을 새긴 것이다. 이렇게 돌을 다루는 기술이 뛰어났던 사람들이기 때문에 바위에 그림을 그리는 것을 결코 어려운 일이 아니었을 것이다. 그러므로 적봉지역을 중심으로 하는 발전한 문화 사람들이 다양한 바위그림을 그리는 것은 그렇게 이상할 것이 없다고 본다.

　적봉지역에서 많이 발견된 여러 형태의 사람 얼굴 그림들이 있는데, 이런 그림들 중 얼굴 구도가 잘 맞지 않는 것들은 아마도 흥륭와문화 시기나 그 언저리가 아닐까 한다. 그 근거는 실제로 흥륭와문화 시기에 만들어진 석인상을 보면 전체적으로 균형이 맞지 않는 것을 볼 수 있다. 그러므로 적봉지역에서 발견되는 많은 사람 얼굴 바위그림 중 기본 구도가 어그러져 있는 구도의 그림들 중 많은 것들이 지금으로부터 7~8천년 경으로 볼 수 있을 것이다.[54]

---

53) 복기대: 「요서지역 석제무덤의 연구」, 『동북아시아 묘제문화연구』, 주류성, 2016.

앞서 문화의 소개에서 본 것처럼 적봉이나 요서지역에서는 홍산문화 후기에 이르러는 그 문화수준이 대단히 높아진다. 특권층의 세계로 볼 수 있는 별도의 구역이 만들어지고 기물에 대한 가공 기술 역시 뛰어난 수준에 이르고 있다. 뿐만 아니라 여러 지역에서 발견되는 유적들을 볼 때 이 문화시기는 천문을 충분히 활용할 수 있는 수준까지 이르렀다는 것을 추측할 수 있었다. 이 시기에는 작도법도 알고 있고 조각수준도 뛰어났는데 지금까지 발견된 바위그림 중 그림구도나 새김의 수준을 볼 때 홍산문화의 것이 가장 우수하다. 바위그림 중 사슴그림 중 진록도 같은 그림들은 구도가 잘 맞는 것을 볼 수 있다. 그리고 지가영자 성이나 각노영자 바위그림에서 발견된 동심원 같은 그림 역시 간단하지만 원을 구성하는데 비율이 잘 맞는 것을 볼 수 있다. 이렇게 전체적인 구도가 잘 맞는 그림이 나타나기 시작하는 것은 홍산문화 시기부터가 아닐까 하는 추측을 조심스럽게 해본다. 여기서 한 가지 우리가 사고를 바꿔야 할 것이 있다. 그것은 우리는 흔히 바위에 새긴 것만을 바위그림으로 분류하는데 그렇지는 않다고 본다. 왜냐하면 홍산문화 옥기 중에는 대부분 짐승형상을 한 것이지만 그렇지 않고 옥판에 기하무늬를 새긴 것도 많이 있다. 이것을 바위그림의 분류에 넣는다면 전혀 새로운 방향에서 볼 수 있다. 즉 바위에다 새기는 수준에서 돌판(옥을 포함함)을 떼 와서 입체화를 시키는 단계까지 이른 것으로 볼 수 있다. 이렇게 본다면 홍산문화의 옥기에서 많은 것을 찾을 수 있겠다.

여기서 하나 찾을 수 있는 대표적인 무늬가 도철무늬가 있다. 이 도철무늬는 홍산문화에서 기원한 것으로 곽대순은 지적한 바 있다.

---

54) 구도가 맞지 않는 그림들이 꼭 그때만 나오는 것은 아닐 것이다. 최근에서 그런 구도의 조각상이나 그림들이 그려진다. 여기서 말하는 것은 보편적인 예술의 발달과정을 근거하여 추측한 것이다.

봉황상

소용돌이 무늬

홍산문화 조각상

소용돌이 무늬옥기

또한 이 옥기에서 소용돌이무늬와 유사한 것들이 보이기 시작한다는 것이다.

이 소용돌이무늬는 흥륭와문화단계에서는 보이지 않던 것이었다. 그런데 이 홍산문화부터는 이 소용돌이 문화가 보이기 시작하는 것이었다. 그렇다면 적봉지역의 옹우특기나 음하 유역, 그리고 백차하 유역에서 발견되는 소용돌이무늬의 상한연대는 홍산문화시기로 볼 수 있을 것이다. 즉 지금으로 부터 6700년에서 5000년 사이로 볼 수 있다.

이 지역 바위그림 중 성혈과 소용돌이무늬에 관한 것이다. 이것들이 동시에 나타는 문화가 하가점하층문화이다. 이 문화는 앞에서 소개한 것처럼 내몽고 적봉지역과 요녕성 서부지역까지 아우르는 넓은 지역에 분포하고

삼좌점정문 바위그림
(정면에서 찍은 모습)

삼좌점 석성바위 그림
(정남에 찍은 모습 160° 방향을 향하고 있다.)

지가영자석성 입구 바위그림

성자산산성 동쪽성벽 바위그림

있다. 이 문화의 기술 수준은 여러 건축법을 활용하여 석성을 쌓을 수 있고, 각 지역에서 그들만이 활용할 수 있는 천문관측도 한 것으로 추정된다. 또한 1년이 360여일이라는 것도 알고 있었던 것으로 추정된다. 이런 추정을 하는 것은 무엇보다도 고도의 천문을 관측해서만이 가능하다.[55] 이 그림들은 보편적으로 나타나는데 성혈은 삼좌점 유적에서 확인된 바 있다. 이 성혈 바위는 묻혀 있다가 최근 발굴하면서 들어났기 때문에 시대가 분명하게

---

55) 혹자는 계절의 변화는 식물이 싹을 트는 것을 보면 알 수 있다는 견해를 말하기도 하는데 이것은 잘못된 이해이다. 왜냐하면 식물들이 싹을 트기위해서는 강수량과 기온이 맞아야 한다. 이 조건이 맞지 않으면 싹트는 시기는 전혀 달라진다. 그러므로 식물들이 싹트는 시기로 계절을 관찰하면 큰 착오를 이을킬 수 있다. 그러므로 반드시 천문을 통하여 관측하는 것이 정확하기 때문에 큰 조직을 관리 하기 위해서는 늘 천문을 정확히 관찰한다.

삼좌점 석성의 연대인 하가점하층문화 중, 후기가 맞을 것이다.[56]

지금까지 남만주지역에서 발견된 성혈 중 가장 연대가 빠른 것으로 추정되는 것은 요녕성 석목성자 고수석촌의 고수석 등에 새겨진 것이다. 그 연대는 지금으로부터 5000년 이상으로 추정하고 있다.[57] 그렇다면 이 성혈은 적봉지역보다는 요동지역에서 서쪽으로 전파되어온 것으로 보는 것이 타당할 것이다. 앞서 말한 요동지역에서 발견된 성혈은 별자리로 추정했는데, 전파되는 과정에서 역시 별자리를 이해하기 위한 지식까지 전해졌을 가능성이 높다. 그렇다면 삼좌점이나 성자산산성에서 발견된 성혈들 역시 별자리 혹은 별과 관련한 것들이 아닐까 하는 추측을 해본다. 이 문화의 성혈들은 주로 천문과 관련이 있지 않을까 추측해본다. 그 이유는 삼좌점이나 오한기의 성자산 산성은 아마도 천문과 관련 있을 것으로 추측되기 때문이다.[58] 여기서 우리가 중요하게 봐야 할 것은 삼좌점 성의 문도에 설치된 소용돌이무늬 바위이다. 이것에 대하여 사람들은 사람얼굴이라 하였으나 그림의 내용을 보면 사람얼굴이 아니다. 이것은 소용돌이 무늬를 새긴 것이다. 이 바위는 원래 그 자리에 있던 것에 새긴 것이 아니라 어디에서 가져와서 짜 맞춘 것이다. 그렇다면 소용돌이 무늬를 새긴 이 바위를 여기에 세운

---

56) 성혈을 연구하는 과정에서 가장 어려운 점이 있다면 이 성혈 홈을 파는데 많은 시간이 걸리지 않는 다는 것이다. 그래서 시대와 상관없이 최근까지도 만들어지고 있다. 이렇게 만들어진 것을 조사하는 과정에서 왕왕 고대에 만들어진 것으로 인식하는 경우도 있다는 것이다. 그래서 성혈연구를 하는데 있어서 어려움이 많은 것이 사실이다. 그렇지만 삼좌점에서 발견된 성혈 그림은 땅속에 묻혀 있다가 발견되었기 때문에 현재나 근대에 만들어진 것이 아니라는 것을 확신 할 수 있다.

57) 양홍진·복기대: 「중국 해성(海城) 고인돌과 주변 바위그림에 대한 고고천문학적 소고(小考)」, 『東아시아 古代學』29, 東아시아 古代學會, 2012년 12월.

58) 이 지금까지 이 두유적에 대한 조사과정에서 확인된 것은 모두 제사유적과 관련이 있는 것으로 확인되었다. 이 제사라는 것은 대부분이 하늘에 지내는 것인데 그렇다면 천문과 관련 있는 것으로 봐도 무방할 것이다.

의미가 있을 것이라 추측해본다.
다만 아직 그 의미는 모른다. 이
소용돌이 무늬는 하가점하층문
화 분포지역의 몇 군데에서 발견
되었는데 삼좌점, 지가영자, 음
하유역의 그림에서도 발견되는
것을 봐서는 이것 역시 천문현상
을 기억하고 있는 것이 아닐까

우주의 소용돌이[59]

추측해본다. 하가점하층문화의 바위그림에 대한 연구는 추후에 많은 연구
가 필요할 것으로 본다.

---

59) 우주의 소용돌이는 사람의 눈으로는 보이지 않는다고 한다.

3. 요서지역의 바위그림

조양을 중심으로 한 현재 중국 요서지역이다. 이 지역에는 아직 많은 바위그림은 발견되지 않았다. 그 이유는 두 가지일 것인데, 첫째, 이 지역은 적봉지역처럼 면이 넓은 바위들이 많지 않다는 것이다. 그러므로 바위그림이 제작되지 않아 발견이 적을 수 있다는 것이다. 또 다른 하나는 바위그림이 있지만 아직 확인되지 않았거나 훼손되었을 가능성이다. 필자의 입장에서 볼 때는 후자일 가능성이 높다. 그 이유는 조양지역은 예로부터 고도의 문화가 발전한 지역이므로[60] 매우 다양한 문화요소들을 확인할 수 있는데 유독 바위그림만이 적게 발견되는 것은 아마도 조사과정에서 주의를 하지 않았거나 혹은 개발과정에서 많이 훼손되지 않았나 하는 것이다. 실제로 바위그림이 있다고 하여 찾아갔는데, 그 지역에서 계속하여 돌을 캐가고 있어 조만간에 이 그림들도 사라질 운명이었다. 이런 현상을 볼 때 훼손되

---

60) 이 지역의 선사·고대문화는 적봉지역과 비슷하기 때문에 별도로 언급하지 않는다.

였을 가능성이 많다고 본다. 더구나 이 지역은 아주 오래전부터 돌을 활용한 적석무덤, 석실무덤, 석성, 탑, 조각상 등등 갖가지 돌 관련 유물들이 제작된 곳인데, 바위그림을 새기는 것은 충분히 가능했을 것으로 본다.

앞서 말한바와 같이 바위그림들을 강가에서 사람들이 살기 좋은 곳에 새겼는데 선사시대나 지금이나 사람들이 살기 좋은 곳은 매 마찬가지이다. 그렇기 때문에 개발과정에서 많이 훼손되지 않았을까 한다.[61]

즉 있었지만 훼손되었을 가능성인데 최근 호로도시에서 발견된 간단한 모습의 그림에서도 알 수 있다.[62] 아직 더 연구가 되어야 하겠지만 호로도에서 발견된 바위그림은 바위그림의 연원을 연구하는데도 중요한 근거가 될 수 있을 것으로 본다.

---

61) 현재 중국고고학계에서 내몽고 적봉지역을 중시하는 가장 큰 이유는 이 지역이 북방문화에서 동서남북의 중심지역이라는 것이다. 즉 이 지역을 중심으로 서쪽, 북쪽은 물이 없고, 광활한 초원이 펼쳐져 있어 집단으로 사람들이 살기가 어렵다. 그렇지만 유목경제를 하는 사람들은 이곳저곳을 옮겨 다니며, 짐승들을 기르면서 이것을 활용하여 외부와 교역을 통하여 그들의 사는 곳에서 얻지 못하는 생활용품들을 얻어서 생활을 영위한 것으로 추측된다. 이때 적봉지역을 중심으로 서쪽과 북쪽에 존재하였던 여러 집단들은 적봉지역을 중심으로 교역을 했을 것이다. 남동쪽에서 바라보는 적봉지역은 초원지역에서 얻어지는 여러 물품들을 싸게 구입하여 싸게 구입하여 쓸 수 있는 지역이었다. 물론 남쪽이나 동쪽에서 만드는 물품들은 적봉지역을 통해서 다른 지역으로 교환되었을 것이다. 이런 지역이었던 적봉지역이 근대에 들어서면서 철도가 부설되고 철도가 깔린 지역을 중심으로 문화가 발전하는 과정에서 철저하게 소외된 것이다. 이 소외과정에서 필연적으로 많은 사람들이 외지로 빠져나갈 것이고, 이 지역은 공허한 초원으로 남아있던 지역이 되었다. 그러다 보니 사람 손이 닿지 않았기에 많은 역사 유적들이 남아 있었던 것이고, 그것이 오늘날 파괴되지 않은 채 고고학자들에 의하여 발견되고, 조사되고 연구되기 때문에 연구자들의 능력에 따라 원형복원이 가능하기 때문에 이 지역을 중시하는 것이다. 즉 북방문화의 원형을 알 수 있는 중요한 지역이기 때문에 중국 정부에서 중시하는 것이다. 특히 오한기 지역이나 옹우특기, 파림좌기, 파림우기, 극십극등기 등의 지역은 최근 고속도로가 건설되고 나서 주목을 받기 시작한 지역이다. 그럼에도 불구하고 이 지역은 아직도 자연환경이 좋지 않아 크게 주목을 받지 못하고 있다. 그렇지만 거꾸로 이런 현실은 고대문화를 연구하는 연구자들에게는 좋은 현상이다.

62) 田立坤·丁宗皓主編:『發現遼寧』, 遼寧人民出版社, 103~106쪽, 2012년.
최광식:「한국 암각화의 기원과 중국 동북·산동지역」,『백산학보』100호, 백산학회, 2014년 12월.

요서지역 바위그림 분구도

최근 요녕성 호로도시 남표구 향로산(香爐山)에서 사슴과 새가 그려진 4폭의 바위그림이 발견되었다. 향로산은 항요령진(缸窯嶺鎭), 애지당진(曖池唐鎭), 사과둔향(沙鍋屯鄕)과 서로 만나는 지점에 있다. 이 산은 해발 400m 정도 되는 산으로 이 산 정상부근에 곧게 서있는 바위벽에 그려져 있다. 간

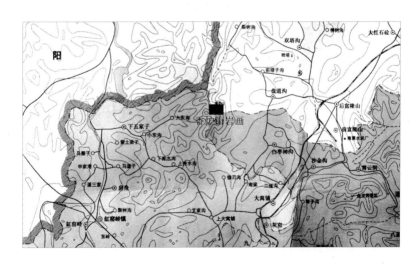

단하게 소개하면 다음과 같다. 제 1폭은 사슴을 그렸는데, 길이가 0.32m,

너비는 0.21m이다. 제 2폭은 새를 그렸는데, 길이는 0.6m이고, 너비는 0.5m이다. 제 3폭은 사슴을 그렸는데 모두 20마리이다. 길이는 0.9m, 너비는 0.5m이다. 제4폭은 세 마리의 사슴을 그렸는데 길이가 0.24m, 너비는 0.2m이다. 이 바위그림은 현재 요서지역에서 발견된 청동기시대 바위그림으로는 처음이다.[63] 이 그림을 새긴 네 벽주위로 큰 구덩이가 파여진

흔적이 있다. 이 구덩이는 도굴꾼들이 도굴을 하려고 판 구덩이다. 왜냐하면 이곳에 예로부터 보물이 있다는 전설이 전해져와 많은 사람들이 이곳에서 보물찾기를 하였다고 하는데 지금 남아 있는 구덩이가 바로 그 흔적이다, 이 그림의 연대는 지금으로부터 3000년경으로 추정하였다.[64]

그리고 행정구역상으로 볼 때 금주시에 속하는 북진시 의무려산 남록에

---

63) 田立坤·丁宗皓主編: 『發現遼寧』, 遼寧人民出版社, 103~106쪽, 2012年.

64) 보고자들은 지금으로부터 3000년경으로 하였는데 본문에는 하, 상, 주 시기로 기록해 놨다. 즉 연대가 약 1000년 정도 차이가 난다. 이런 기록을 남긴 것으로 보아 조사자들이 제시한 연대는 신빙성이 없다.

도 바위그림이 있다. 이 그림은 바위에 구멍을 판 것인데 이른바 성혈형태이다. 이 지역은 전반적으로 암반으로 형성되었는데 그 지역 중에 남단 서남부에 새겨져 있다. 그러나 많지는 않다. 이런 그림들을 볼때 요서지역에서도 바위그림은 많이 그려졌을 것이라 가늠할 수 있고 앞으로 많은 연구가 될 것으로 본다.

북진 의무려산 남단 성혈그림

4. 요동지역 바위그림

　여기서 말하는 요동지역은 고대의 요동이라는 개념이 아니고 현대의 개념이다. 이 지역을 아우르는 범위는 요녕성 중부지역에 있는 의무려산 동부지역을 말하는데 요동반도도 여기에 포함된다. 이 지역은 심양, 요양의 서부지역을 제외하고는 대부분 산지와 연결되어 있다. 이 지역은 주로 산과 바다를 끼고 생활하는 지역으로 기본 생활 물품이 조달되기 때문에 오히려 고립된 문화를 발전시키다가 점점 교역을 넓혀가는 양상을 보이는 곳이다. 이곳의 바위그림들은 최근에 조금씩 밝혀지기 시작하여 아직 학문적으로 체계적인 연구단계에는 진입하지 않았다. 그러나 한걸음씩 발전을 해가는 과정으로 볼 수 있다. 전반적인 연구 내용은 아래에서 소개하기로 한다.

1) 요동지역의 자연 지리적 이해

　요동지역에서는 얼마 전까지만 하여도 바위그림이 발견되지 않았다가 최근에 많은 발견이 있었다. 대부분이 성혈(星穴)이라는 홈으로 바위 위에 구멍을 판 것인데 어떤 것은 일정한 규율이 있고, 어떤 것은 규율이 없이 파여졌다. 이런 현상은 그림이라기보다는 다른 뭔가를 표현하기 위한 것이라는 추측이 가능하다. 요동지역에 왜 이런 홈들이 많이 파여졌는지 아직 확인은 되지 않았다. 다만 여러 각도에서 연구를 시작하는 단계로 볼 수 있다. 이 연구를 시작하는 단계에서 몇 가지 이 지역에 대한 이해가 필요하다고 본다.

요동지역이라고 하는 지역은 대부분이 북으로는 요녕성 철령시(鐵嶺市)를 포함하고 동으로는 단동시 서로는 북진(北鎭) 의무려산(醫巫閭山)까지를 남으로는 요동반도가 포함이 된다. 이 지역을 다시 세분해보면 심양시와 북진지역은 평원지대로 사람들이 살기에 적합한 지역이기는 하나 1950년대 이전까지만 해도 요하의 범람으로 심양시 남부지역은 거의 버려진 땅과 같았다.

무순이나 철령 지역은 구릉성 산지가 발전하여 사람들이 홍수의 피해를 입지 않는 지역이므로 많은 문화들이 연속적으로 발전하였다. 동으로 본계, 단동지역은 산지가 형성되어 사람들이 살기에는 적합하지 않은 지역으로 지금까지도 많은 유적들이 발견되지 않고 있는 지역이다. 요동반도의 중간지역은 산맥으로 형성되어 이 산맥의 동서로 문화가 발전하는데 주로 바다를 활용하여 문화가 발전하였다.

전체적으로 요동지역은 한국의 서해와 가깝고, 강수량은 어느 정도 보장이 되는 자연조건에다 이 강수량을 머금을 수 있는 장백산맥과 천산산맥(天山山脈)이 있어 기본적으로 아무리 강수량이 적다하더라도 기본적인 생존조건이 갖춰지는 지역이다.

다만 산지가 발전되어 있어 대부분의 사람들은 산에서 발원하여 바다로 나가는 강의 중류나 하류지역에서 생활을 하였다. 이 지역에 흐르는 강물은

요동지역

요동지역 바위그림 분구도

동요하가 있고 남쪽으로 내려오면 서요하와 합쳐져 흐르는 요하가 있다. 동으로는 무순에서 발원하여 서남으로 흘러 영구로 들어가는 혼하(渾河)가 있으며, 천산산맥을 물줄기를 받아 서쪽으로 흘러 요양을 통과하여 혼하와 합쳐져 영구(營口)로 들어가는 태자하(太子河)가 있다. 동쪽으로는 환인(桓仁)에서 압록강(鴨綠江)으로 흘러들어가는 강이 있고, 요동반도에서는 천산산맥의 물줄기를 받아 동으로 들어가는 벽류하(碧流河)가 큰 물줄기이다. 이런 자연환경을 바탕으로 이 지역은 고래로 많은 문화들이 발전하였는데 이지역 문화발전은 주로 바다를 활용하여 발전하였다는 것이다. 가장 큰 발전을 이뤘던 지역은 요양이었다.

이런 자연조건 속에서 각 지역에서는 많은 문화들이 발전하였다. 그런데 이 문화들의 대부분은 주로 산을 경계로 발전하였기 때문에 하나로 묶어서 이해하기 어려운 점이 많다.[65] 그럼에도 불구하고 이 지역의 공통적인 특징

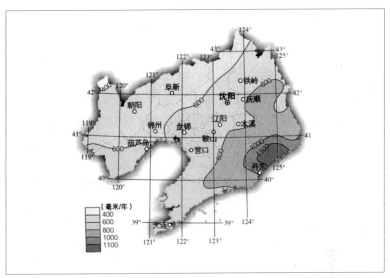

요녕성 지역 강수량 분포도

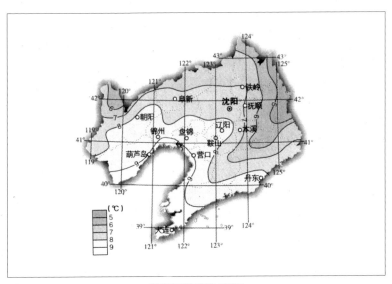

요녕성지역 기온 분포도

요동지역 기후 관련도

중에 하나가 돌을 사용한 문화들이 꾸준하게 발전하고 있었다는 것이다. 그 대표적인 것이 고인돌문화와 석관묘를 만들던 시기에는 통일성이 보인다는 것이다. 이 시기는 바로 청동기시대로 이런 문화발전은 우리에게 시사하는 바가 많다고 본다.

2) 요동지역 선사문화의 이해

요동지역의 선사문화는 하나의 특정문화로 귀납되지 않는다. 이런 특징은 요동지역의 자연지리적인 특징에 의한 것으로 볼 수 있다. 즉 산이 가로막혀 교류가 많지 않은 관계로 좁은 지역에서 문화가 발전하는 것으로 볼 수 있다. 그러므로 요동산지는 문화 분포지역이 좁고, 요동반도 남단은 분포지역이 넓게 나타나는 현상을 볼 수 있다.

요동지역의 선사문화는 1900년대 초 일본인 학자들에 의해 지속적으로 발견·연구 되었다. 고고학자 도리이 류조(鳥居龍藏)는 요동반도 남단에 위치한 노철산(老鐵山) 적석무덤을 발굴하였으며, 이후에 미야케 도시나리(三宅俊成)는 장해현(長海縣) 장자도(獐子島)를 조사해서 압인의 '乙' 자문이 새겨진 질그릇을, 여순(旅順) 문관둔(文官屯) 유적에서 채색 질그릇을 발견한 바 있다. 또 미야케 도시나리는 사평산(四平山) 적석무덤에서 용산문화 양식의 흑색 질그릇을 발견하였는데, 과거에는 이를 주요 근거로 요동반도의 신석기 문화를 용산문화 분포 지역 안에 포함시켰었다. 그러나 이후 산동 지역을 비롯한 요동반도와 인접한 교동(膠東)반도에서 용산문화보다 빠른 대문구문화 등이 발견되고, 지역 고고학 문화 간의 서열이 차차 수립됨

---

65) 요동지역 산지문화들의 이런 특성 때문에 아직도 전체 요동지역의 선사, 고대문화들이 종합적으로 정리가 되지 않고 있다.

에 따라 요동반도의 몇몇 신석기 시대 유적이 용산문화보다 빠른 것일 가능성이 있다는 주장이 제기되었다. 이렇게 시작된 초기 연구를 바탕으로 꾸준하게 지금까지 연구되어 왔는데, 최근까지 조사된 요동지역도의 문화개황을 확인해보면 다음과 같다. 요동지역은 지금부터 8천년 경부터 문화가 발전하기 시작하였다. 구체적으로 발전한 것은 신락하층문화나 소주산하층문화 시기부터 정주생활을 하는 신석기시대 문화로 진입한다.

이들 문화들은 요서지역처럼 범위가 넓고 고도로 체계적인 발전을 이룬 것은 아니지만 시간적으로 볼 때 문화의 변화단계는 충분히 알 수 있는 정도는 된다. 간단하게 그 개요를 살펴보면 다음과 같다.

(1) 신석기문화

요동지역의 신석기문화는 크게 신락문화, 후와문화, 소주산문화 등으로 나눌 수 있다.[66] 이 문화들은 전기, 중기, 후기로 나눌수 있는데 시기적으로 차이는 나지만 문화 양상은 계승되고 있는 것을 볼 수 있다. 지역적으로 많은 차이가 있는데 신락문화는 요서지역의 문화와 후와문화는 한반도지역과, 소주산문화는 산동반도와 많은 연관관계를 갖고 있다. 이를 시기별로 나눠 보고자 한다.

① 전기 신석기 문화

요동지역의 전기 신석기문화는 지역적으로 확연히 다르게 나타난다. 그러므로 심양지역, 단동지역, 대련지역으로 나눠 소개하도록 한다. 이런 현

---

66) 요동지역의 문화는 연구자들마다 구계는 비슷하지만 문화명은 서로 다르게 붙이는 것이 통상적이다. 특히 요동반도 남부지역에 이르면 그런 현상이 더한데, 대표적으로 쌍타자문화와 소주산문화이다. 문화 양상은 비슷하나 연구자의 주장에 따라 다르게 부르고 있다. 그러나 본 글에서는 가장 보편적으로 부른 용어를 선택한다.

상은 중기와 후기에도 같이 나타나므로 중기후기도 이에 준하여 소개하도
록 한다.

❶ 신락하층문화

신락하층문화는 중국 요녕성의 성도인 심양에 위치한 신락 유적으로 인
해 명명되었다. 이 문화는 하요하(下遼河) 유역에서 지금까지 알려진 가장
빠른 시기의 신석기 시대 문화이다. 신락문화가 위치한 하요하 지역은 송요
(松遼) 대평원의 남쪽에 위치하며, 발해만과 요하 하구(河口)와 인접한 지역
을 가리킨다.

신락하층문화라는 이름은 신락 유적이 발굴된 이후 명명되었다. 신락 유
적은 유적 내의 층위와 그 연대에 따라 신락 하층 문화와 신락 상층 문화로
나뉘는데, 상층은 청동기 시대 문화층이고, 하층은 신석기 시대 문화층이다.
심양시 신개하(新開河) 양안(兩岸)의 언덕에는 신락 유적을 비롯한 5곳의
신석기 유적들이 위치한다. 이 동서 방향의 언덕 위·아래(동서 2.7km, 남

신락 유적 전경

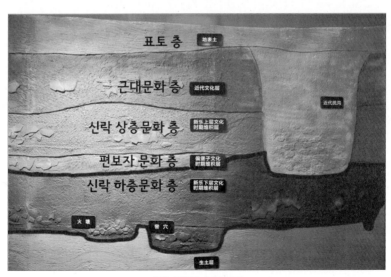

신락 유적의 층위 구분

북 2.5km 범위)가 과거 신석기인들에게 매우 활용도가 높은 지역이었음을 추측할 수 있다. 그 중 신락 유적은 동서로 약 500m에 걸쳐 있으며, 문화층의 두께는 1~2m에 달한다. 1973년, 1977년, 1982년 및 그 이후에 심양시 문물관리위원회 곡서기(曲瑞琦), 심장길(沈長吉), 우숭원(於崇源)의 지휘 하에 발굴되었다. 신락 유적 외에 신민 고태산하층 유적도 전형적인 하요하유역의 신락문화 유적으로 볼 수 있다.

현재까지 알려진 신락하층문화의 상한 연대는 지금으로부터 약 7000년이다. 이것은 신락 유적의 1호 유구에서 채집한 목탄 표본에 대한 방사성 탄소연대 측정(B.P. 6800±145)과 수륜교정 연대(B.P. 7000)에 따른 것이다.[67]

신락하층문화의 질그릇 중 가장 많은 비율을 차지하는 것은 모래가 낀 홍갈색 질그릇이다. 이 외에 활석을 함유한 흑색 질그릇이나 진흙질의 홍색 질그릇, 갈색 질그릇 등도 소량 존재한다. 일부 소형 질그릇에는 붉은색 도의(陶衣)를 입히기도 하였다.

기종으로는 깊은 통형 단지(筒形罐)이 가장 많다. 신락문화의 통형 단지는 입이 크지 않으며 벽이 곧은 데다 벌어지지 않아 복부가 더욱 깊고 길어 보인다. 이외에 굽 달린 사발류 또한 보인다. 대부분의 질그릇에는 몸 전체에 문양이 장식되어 있다. 시문의 방식으로는 압인, 각획, 그리고 날카로운 도구를 이용해 긁어내는 추자(錐刺) 등이 있다. 압인한 '之'자문과 현문(弦紋)이 가장 많고 비점문(篦占紋)은 소수이다.

---

67) 霍東峰·華陽:「試論新樂上層文化」,『遼寧省博物館館刊』, 2008年 第3輯.
　　　付永平:「沈陽市區新樂上層文化考古的新發現及相關問題探討」, 吉林大學碩士學爲論文, 2010.
　　　李樹義:「關於新樂上層文化墓葬相關問題的探討」,『草原文物』, 2014年 第1期.
　　　華陽·付珺·霍東峰:「樂上層文化墓葬淺析」,『考古與文物』, 2009年 第2期.

신락 유적 2호 주거지(신락하층문화)

신락하층문화 질그릇

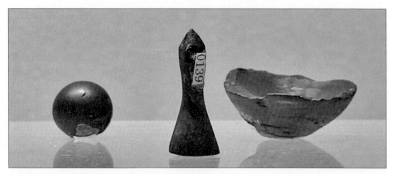
매정기물

신락하층 유적에서는 상당한 수량의 옥제 장식품과 도구가 발견되었다. 종류로는 뚜르개, 양날 뚜르개, 도끼, 양날 도끼 등이 있다. 일부 옥기는 날이 매우 날카로우며, 사용 흔적이 남아 있어 발굴자는 이것을 조각 도구로 보았다. 발견된 옥기의 대부분은 공구류이긴 하지만, 그 형태가 일정하고, 재료의 선택과 제작 역시 몹시 정밀하게 이루어 졌다. 이 문화의 특징은 매정(煤精) 제품이 발견되기도 하였다. 매정 제품들은 정밀하게 제작되었고 연마되어 광택이 난다. 종류로는 원포형(圓泡形), 귀걸이형, 구형(球形), 원병형(圓餅形), 모자형, 타원형, 원추형 등이 있다.

새조각상(이미 불탔음)

❷ 후와하층문화(後窪下層文化)

후와하층문화는 요동반도와 황해 연안에 분포하는 신석기 문화로 후와 유적에서 그 명칭이 유래됐다. 후와 유적이 위치한 곳은 단동시(丹東市) 동항시(東港市) 마가점진(馬家店鎭) 삼가자촌(三家子村) 후와둔(後窪屯)으로, 후와둔 동쪽의 평탄한 단구 위에 있다.

1981년 가을 단동시 문물 조사대가 후와 유적을 처음 발견하였고, 유적의 지층 퇴적 정황과 문화 성격을 파악하기 위하여 발굴이 실시되었다. 당시의 발굴에서는 주거지는 43기, 저장구덩이는 20기, 유물은 1,600여 점이 발견되었다. 질그릇뿐만 아니라 정교한 제작 기술이 이용된 소조품도 출토되었다. 이 후와 유적의 발굴은 단동 및 주변 지역의 문화 성격과 신석기시대 문화의 편년 서열의 기초를 마련해 주었다. 후와 유적은 상층과 하층 2개의 문화층을 가지고 있는데, 사방 10km의 범위 내에는 후와 유적에서 발견된 것과 같은 시대의 유물이 분포해 있다.

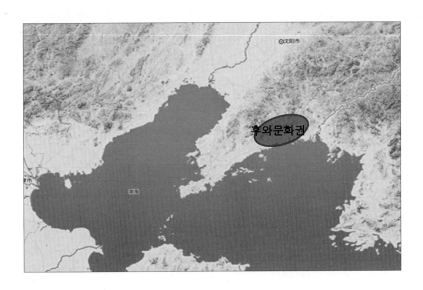

이 문화는 하층문화와 상층문화로 나뉘어 진다. 하층문화의 개요는 다음과 같다.

분포 범위는 주로 단동 지역과 인근의 천산(千山) 산지에서 황해 연안에 이르는 지역에 분포한다. 후와 하층 문화에 속하는 유적으로는 동구현(東溝縣) 대항(大巷) 유적, 황토감향(黃土坎鄉) 석회요(石灰窯) 지하 동굴 유적, 염가산(閻家山) 유적, 관전현(寬甸縣) 취리외자(臭裏崴子) 유적, 행복촌(幸福村) 유적, 해성현(海城縣) 소고산(小孤山) 유적 등이 있다.

연대는 지금으로부터 6000년 이상으로 나타났다. 이 문화는 요동반도 지역의 소주산하층문화와 같은 시기라고 할 수 있다.

주거지는 모두 반지하식으로 원형과 방형의 두 가지 종류가 있다. 규모가 큰 주거지는 대부분 네모난 형태인데, 길이와 너비가 7m 정도이다. 규모가 비교적 작은 주거지는 대부분 원형으로 직경이 3~4m 정도이다. 일반적으로 큰 네모 모양 주거지 주변에 많은 소형 주거지가 배치되어 있다. 벽은 기본적으로 땅을 판 생토벽을 그대로 이용했지만, 흙을 발라 벽을 다진 형태도 있다. 집안에 네모 모양 또는 원형의 화덕 시설을 갖추고 있다.

생활 용기는 질그릇 위주이다. 주로 모래가 섞인 홍갈색 질그릇과 홍색 질그릇이 존재하며, 흑갈색 질그릇도 있다. 태토(胎土) 내에는 모두 활석 가

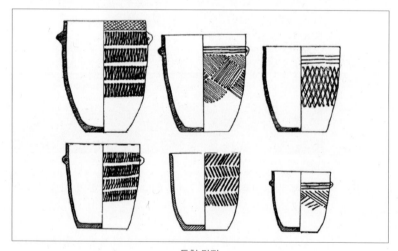

통형 단지

루나 조개 등의 결정체가 포함되어 있는 것이 특징이며, 소성 온도는 비교적 높은 편이다. 질그릇의 성형은 주로 손으로 빚어 만들었는데, 새겨진 문양은 크게 압인문(押印文)과 각획문(刻劃文) 두 종이다. 그 중 압인문이 가장 많은데, 압인문은 '之'자문, 그물문, '人'자문, 가로선문과 격자문 등이다. 그 중 격자문은 5~11줄의 평행 사선이 상호 교차 배열되어 있다. 그릇의 기종으로는 통형 단지, 단지, 사발, 잔, 국자와 배 모양 그릇이다. 통형 단지는 입술이 없는 직선형 구연을 가지고 있으며 복벽은 아주 곧다. 단지는 목 부분이 매우 짧으며 2개의 손잡이가 달려 있는 형태가 유행한다.

후와하층문화의 유물 중 특히 주목할 만한 것은 대량의 소조품이다. 후와 유적에서만 36점이 발견되었으며 그 가운데 옥·석질의 것이 25점이며, 11점이 토제이다. 형태는 구멍 하나를 뚫은 소형의 추(墜)가 대부분이며, 조형의 소재로는 사람의 얼굴, 돼지, 물고기, 새, 벌레 등이 있다. 후와 하층 문화의 조각품은 그 기법이 비록 섬세하지는 않지만 추상적인 조형에 종교적 의미가 담겨 있었을 것으로 여겨지기도 한다.

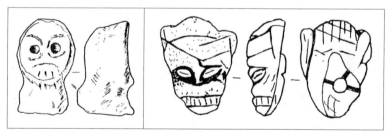

석제 사람 조각상

❸ 소주산(小朱山)하층 문화

소주산하층 문화는 장해현 광록도에 위치한 소주산하층 유적이 대표적이다. 이 외에 잘 알려진 유적으로는 장해현 광록도의 류조구(柳條溝) 동산

(東山) 유적과 상마석(上馬石)하층 유적, 대장산도 청화관(淸化官) 유적, 장자도(獐子島) 이장둔(李墻屯) 유적, 사포자(沙泡子) 유적, 해양도(海洋島) 남옥둔(南玉屯) 유적 등이 있다. 위의 유적들이 요동반도 최남단의 연해 도서 지역에 위치해 있기 때문에, 소주산하층 문화가 처음 연구될 때 이 지역에만 분포하는 것으로 여겨졌다. 하지만 장하(莊河) 동쪽 30km 지점의 황해 연안에서 발굴된 북오둔(北吳屯) 유적으로 인해 소주산하층 문화의 분포 범위가 요동반도 남단의 도서 지역뿐 아니라 대련 연해 지역에 보편적으로 분포하고 있는 것이 알려졌다. 북오둔 유적은 상·하 양층의 문화로 구분되는데, 그 하층의 문화 특징이 소주산하층 문화의 요소와 약간의 차이는 있지만, 전체적으로 소주산하층 문화의 범주에 속한다고 한다.

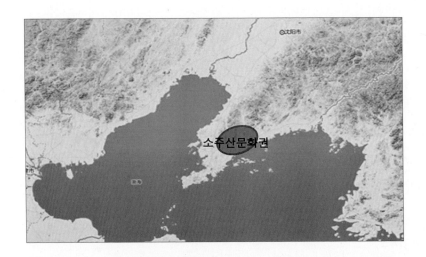

이 문화의 연대는 북오둔하층 유적에서 출토된 유물의 방사성탄소연대 측정 결과 지금으로부터 6470±185 라는 수치가 나왔다. 그러므로 소주산하층 문화의 연대는 지금부터 6500년 전으로 추정된다.

이 문화요소 중 질그릇은 모래가 낀 홍갈색, 흙갈색 질그릇이 가장 많다.

그 다음은 흑색 질그릇과 홍색 질그릇인데, 대부분의 질그릇 바탕흙에는 조개편이나 운모편(雲母片) 등의 결정제가 함유되어 있다. 기종은 곧은 아가리를 가진 심복통형단지가 가장 많아 단순한 편인데, 시기가 늦어질수록 벌어진 아가리를 가진 심복통형단지와, 그 형태가 단지(壺)에 가까운 소형의 배부른 단지 등이 출현하며, 일부 통형관은 손잡이가 달려 있기도 하다. 일각에서는 벌어진 아가리를 가진 통형단지가 소주산하층 문화의 것이라는 견해도 존재한다.

질그릇에 새겨진 문양을 보면 압인문(押印文)이 대부분이지만, 각획문(刻劃文) 또한 소량 발견되었다. 대개 몸통 전체 혹은 거의 모든 부분에 문양을 시문하였다. 또한 질그릇에 새겨진 문양은 한 종류가 아니라 여러 가지 문양이 복합된 형태를 보이고 있다. 새겨진 문양으로는 압인 '지(之)'자문 외에 짧은 선(線)문, 석문(席文), 그물문, 사선문, 획점문(劃點文) 등이 있다. 이들 문양은 질그릇에 상·하로 단을 나누어 배치하는 경우도 있고 서로 중복되어 있는 경우도 있어 변화상이 매우 풍부하다.

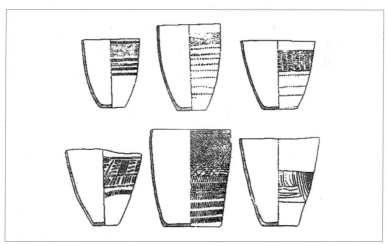

소주산하층 문화 질그릇 (단지)

② 중기 신석기문화

❶ 후와상층 문화

분포 범위는 주로 요녕성 동쪽 지역의 단동, 본계, 안산(鞍山) 등지에 분포되어 있다. 관전현 행복촌 유적, 우모오 동굴 유적, 해성현 소고산 동굴 유적, 본계현 일대의 동굴 유적에서도 후와상층 문화의 질그릇이 발견되었다. 후와하층 문화의 분포 범위와 비교했을 때 더 넓은 편이다.

연대는 요동반도 지역의 소주산중층 문화와 비슷하여, 지금으로부터 4980±159 로 추정된다.

문화 요소를 볼 때 질그릇 굵은 모래가 낀 홍갈색 질그릇과 흑갈색 질그릇이다. 일부 질그릇에서는 조개와 운모 등을 함유하고 있는 경우도 있다. 이전 시기에 비해 홍갈색 질그릇의 수량이 증가하였고, 기벽의 두께가 얇아지는 것이 특징이다. 주된 기종은 깊은 통형 단지인데, 구연부가 크고 저부는 작으며 이중 구연 질그릇이 등장한다. 통형 단지 이외에는 단지, 사발, 잔, 배 모양 그릇 등이 있다. 단지는 긴 목을 가지고 있고, 주전자와 사발의 바닥은 굽다리가 뚜렷이 보인다. 질그릇에 새겨진 문양을 살펴보면, 후와하층 문화에서 자주 보이던 압인문은 보이지 않으며, 주로 각획문으로 구성된 그물문, 가로선문, '人'자문, 나무 가지문, 삼각문(三角文) 등이 있다.

후와상층 문화의 통형 단지

장식품들은 대부분 활석으로 만들었지만 사문암과 옥으로 만든 제품도 보인다. 또 후와 하층 문화에 이어서 사람 얼굴, 돼지머리, 물고기 모양의 소조 장식품도 발견되었다.

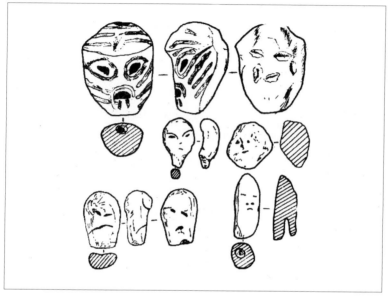

후와상층문화 사람 얼굴 소조품

이 문화는 자연계에 대한 숭배가 한 걸음 더 나아가 동·식물을 자기 씨족의 조상, 보호자로 삼는 이른바 토테미즘이 발전하였다는 것이다.[68]

❷ 소주산중층 문화

이 문화의 분포 범위 곽가촌 유적 하층과 오가촌 유적에서 출토된 자료

---

68) 楊占風: 「後窪上層文化研究」, 『遼寧省博物館館刊』, 吉林大學邊疆考古研究中心, 2008.
杜戰偉·趙賓福·劉偉: 「後窪上層文化的淵源與流向」, 『北方文物』, 吉林大學邊疆考古研究中心.

가 가장 많으며, 소주산 유적 자체의 자료는 거의 없는 편이다. 이외에는 대
장산도 상마석 하층 유적, 소장산도(小長山島) 영걸촌(英傑村) 하층 유적, 대
련시(大蓮市) 문가촌(文家村) 유적, 여순 상강자(相崗子) 유적, 대반가(大潘
家), 장하현 북오둔(北吳屯) 상층 등이 포함된다.

연대는 총 5개의 연대가 측정되었는데 소주산중층문화의 연대는 지금으
로부터 약 B.P.5800~B.P.4800년 사이로 추정하고 있다.

문화 요소로 주거지는 원각방형의 평면을 가지고 있는 반지하식으로, 규
모는 길이 4.97m, 너비 4.76m, 깊이 0.9m이다. 문은 서북쪽 모서리에 나
있었으며 바깥으로 하나의 계단이 있다. 주거지 중앙과 벽 주변에는 모두
22개의 기둥 구멍이 있다. 주거지 내부에서는 질그릇과 석제 도구들이 발
견되었고, 돼지 뼈가 추가로 발견되었다.

유물로 질그릇은 모래를 섞은 홍갈색 질그릇과 홍색 질그릇이다. 모래가
섞이지 않은 고운 바탕흙으로 만든 홍색 질그릇과 갈색 질그릇은 상대적으
로 수량이 적다. 또한 제작 기법도 정교해졌으며, 여전히 통형관 위주이긴
하지만, 배부른 단지, 사발, 뚜껑 등의 새로운 기종들이 나타난다. 특히 세
발이 달리거나 굽이 달린 솥이나 제사용기가 특징적이다. 이 문화의 질그릇
은 그 표면에 문양을 새기기보다 마연을 하거나 도의(陶衣)를 입힌 것이 많
다. 때문에 압인의 '之'자문은 사라졌으며 각획문이 발달한다.

이 문화에서 새로이 등장한 문화 요소는 채색 질그릇이다. 채색 질그릇
은 소주산유적, 곽가촌유적 및 영걸촌(英傑村)유적 등에서 발견되었다. 모
두 고운 바탕흙의 옹기로 채색 질그릇의 대부분이 붉은 바탕에 검은색 삼각
문, 평행사선문 등이 시문되었다. 문양이 새겨진 위치는 주로 질그릇의 배
부분이었으며, 채색 문양은 대부분 배 부분에 그려졌다. 이러한 현상은 현
지 문화가 산동 반도에서 발생한 대문구문화(大汶口文化)의 문화 요소들을

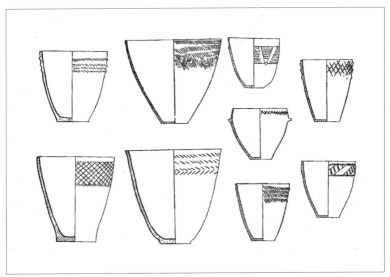

소주산중층문화의 각종 통형 단지

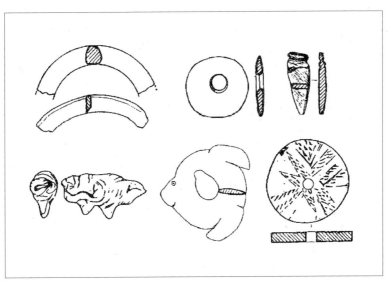

소주 중층문화의 각종 장식품과 도구

받아들인 결과로 보고 있다.

(2) 청동기시대문화

요동지역의 청동기시대는 매우 다양하게 이해한다. 그 연대부터 분포 범위며 문화 요소들의 특징들을 볼 때 좁은 지역에서 큰 차이가 나기 때문이다. 이 지역의 청동기시대문화 역시 지역적인 차이가 있다. 서부지역의 신락상층문화, 동부지역의 마성자문화, 그리고 남부지역의 대취자문화 등이 있다. 이 문화들은 전기 문화에 속하고 후기에 들어 석관묘을 기본 묘제로 하고 비파형동검과 여러 꼭지 잔줄무늬 거울을 대표로 하는 문화들이 통일하여 하나의 문화권을 형성하는 것을 볼 수 있다. 그러므로 이 글에서는 이런 점을 고려하여 정리해보도록 한다.

① 신락상층문화(新樂上層文化)

1973년 심양시(沈陽市) 문물관리사무실에 의해 신락유적이 발굴되었는데, 유적 내의 층위와 그 연대에 따라 신락하층문화와 신락상층문화로 구분된다. 상층은 청동기 시대 문화층이고, 하층은 신석기 시대 문화층이다.

이 문화의 특징은 세발솥, 세발 질그릇, 세발 시루 등 세발 질그릇을 대표로 하는 문화 맥락을 '신락상층문화'라고 명명하였다.

신락상층문화의 유적으로 알려진 곳은 이미 200여 곳 이상이지만, 발굴된 유적은 매우 적다. 현재 발굴이 진행된 유적은 심양의 신락유적, 요녕대학(遼寧大學)·백조공원(百鳥公園) 등의 유적이 있다. 이 두 유적은 신락상층문화의 시기 구분에 중요한 위치를 차지하고 있다.

신락상층문화의 연대는 보고된 바 없어 정확한 연대를 파악하기 힘들지만 중국 학계에서는 층위와 질그릇 문화 관계를 통해 상나라 말기~주나라

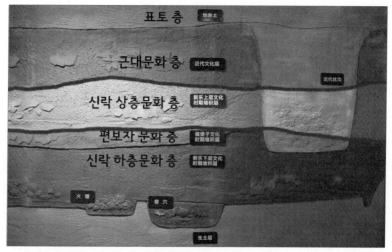

신락 유적의 층위 구분

초기로 인식하고 있다.

신락상층문화의 분포 범위는 하요하이동 지역이다. 문화요소를 보면 다음과 같다.

이 문화의 무덤은 비교적 적게 발견되었는데, 1979년에 무덤 10여 기가 발굴되었고, 1983년에 옹관 1기, 1987년에 다시 옹관 1기가 발굴되었다. 1979년 발굴된 10여 기의 무덤은 대부분 한 사람이 묻힌 움무덤이며, 옹관은 1기가 발견되었다. 움무덤은 일반적으로 길이는 2.1m, 너비는 1.3m, 깊이는 0.5m이다. 어떤 무덤에는 2층대가 있으며, 머리의 방향은 동서 방향과 남북 방향이 있다. 시신을 묻을 때에는 옆으로 뉘여 굽혀 묻었다. 부장품의 수량도 적은 편으로 보통 2~3점의 질그릇이나 가락바퀴 등이 발견된다. 옹관 무덤에 사용된 옹관은 높이 약 80㎝의 독 두 개를 합쳐서 만든 것이다. 건상구주 유적은 2005년 심양시 문물고고연구소에 의해 발굴되었는데, 2기의 신락상층문화 무덤이 발견되었다. 시신은 옆으로 뉘어 굽혀 묻었고, 부장품은 모래가 낀 갈색 질그릇과 돌도끼이다. 부장품은 모래가 낀 갈색 단지와 단지이다. 이외에 몇 유적에서 무덤이 확인되었다.

질그릇은 모두 모래가 낀 질그릇으로 홍갈색이 가장 많고 회갈색이 그다음이다. 기종으로는 세발솥, 세발 시루 등의 무늬가 없는 세발 질그릇이 가장 많이 발견되며, 이외에는 접시와 사발의 수량이 많은 편이다. 세발솥의 몸체는 대부분 벌어진 아가리, 짧은 몸체, 편평하고 둥근 바닥의 형태를 가지고 있으며, 원뿔형, 각기둥형, 납작한 장방형의 다리 형태를 가진다. 세발 시루 모두 벌어진 아가리와 가는 허리, 긴 몸체를 가지는데, 허리에 융기문이 있다. 또 대부분의 시루 허리 부위에는 대칭하는 손잡이가 있다. 이러한 현상은 다른 문화와 신락상층문화를 구분하는 주요 특징 중 하나이다.

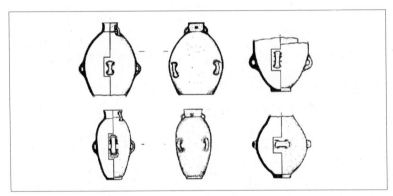

신락상층문화 각종 단지

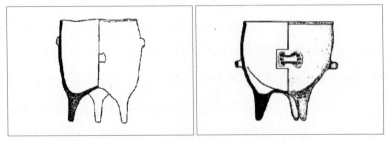

신락상층문화 삼족기

신락상층문화의 연구는 고고학 발굴의 부족과 발표된 자료의 한계로 신락하층문화에 비해 질과 양적인 면에서 상대적으로 충분하지 못한 상황이다. 더불어 신락상층문화에 대한 기존의 연구는 학자마다 그 견해를 달리한다.[69]

② 마성자 문화(馬城子文化)

요동 지역의 청동기 문화에 대한 연구는 1970년대 본계(本溪)시 묘후산(廟後山) 동굴 유적이 처음 발굴되면서 비로소 새로운 돌파구를 열게 됐다. 그 후 마성자(馬城子) 동굴 유적이 발견, 조사되면서 요동 지역의 청동기 문화가 기원전 20세기 무렵까지도

마성자문화분포지역

올라갈 수 있을 것 같다는 확신을 주었고 좀 더 구체적으로 요동 지역의 청동기 문화를 연구하는 것이 가능하게 됐다. 이 유적이 처음 발굴됐을 때는 '묘후산(廟後山) 문화'로 명명됐었다. 하지만 그 후 좀 더 포괄적인 문화 요소들까지 담을 수 있게 '마성자(馬城子)문화'라고 이름 짓게 됐다.[70]

---

69) 霍東峰·華陽:「試論新樂上層文化」,『遼寧省博物館館刊』, 2008年 第3輯.
付永平:「沈陽市區新樂上層文化考古的新發現及相關問題探討」, 吉林大學碩士學位論文, 2010年.
李樹義:「關於新樂上層文化墓葬相關問題的探討」,『草原文物』, 2014年 第1期.
華陽·付珺·霍東峰:「新樂上層文化墓葬淺析」,『考古與文物』, 2009年 第2期.

70) 복기대:「馬城子文化에 관한 몇 가지 문제」,『선사와고대』22호, 2005년, 한국고대학회.
_____:「고고학 성과로 본 동북 아시아 고대문화-환발해만 전기 청동기시대문화 중심으로-」,『동아시아고대학』17호, 2008년, 동아시아고대학회.

마성자문화의 상한 연대는 지금으로부터 4000년경으로 추정되고, 하한 연대는 지금으로부터 3200년경으로 추정된다.

마성자문화를 분류하는 데 있어서 가장 큰 특징은, '동굴무덤 문화'라고 불릴 만큼 대부분의 유적이 동굴 안에 만들어진 무덤들이라는 것이다.[71] 무덤들이 자리한 곳은 대부분 해발 200m 이상 되는 곳이다. 무덤은 맨바닥에 옅게 홈을 판 다음 그 위에 주검과 껴묻거리를 넣고 묻은 형태이다. 특수한 예로 적석(積石) 무덤들이 있다. 장례는 대부분 홑묻음(單葬)이고 간혹 둘묻음(合葬)이 있다. 마성자 유적 무덤 내에서 발견된 수장품은 다음과 같다. 수장품의 그릇 조합 형태는 호(壺)·단지·대접 또는 호(壺)·단지·바리로 나눠 볼 수 있다. 질그릇들은 머리 부분이나 다리 양쪽에 놓여 있었다. 동굴 벽에 조성된 무덤은 동굴 벽면 아래에 질그릇들을 뒀다. 묻힌 석기들의 날은 모두 밖으로 향하고 있었다. 짐승의 뼈를 껴묻은 예도 있는데 주로 돼지·사슴·개의 아래턱뼈를 묻었다. 무덤은 한 층으로만 매장된 것이 아니라 여러 층으로 묻었다.

마성자문화 무덤의 가장 큰 특색은 무덤과 동굴이 유기적인 일체를 이루고 있었다는 점이다.

---

71) 孫守道:「本溪謝家岩子洞穴及其附近發現古代文化遺址」,『遼寧日報』1961年11月19日.
　　李恭篤·高美璿:「太子河上遊洞穴墓初探究」,『中國考古學會1986年 論文』, 文物出版社.
　　＿＿＿＿:「太子河上流洞穴墓葬探究」,『中國考古學會第6次年會論文集』, 文物出版社, 1987.
　　李恭篤:「本溪地區洞穴遺存的發現與研究」,『北方文物』1992年 2期.
　　＿＿＿:「遼寧東部地區青銅文化初探」,『考古』1985年 6期.
　　王巍:「夏商周時期遼東半島和朝鮮半島西北部的考古學文化序列及其相互關系」,『中國考古論叢』科學出版社, 1993.
　　遼寧省文物考古研究所·撫順市博物館:「新賓縣龍灣洞穴青銅時代積石墓」,『中國考古學年鑑』, 中國考古學會, 文物出版社, 2002.
　　遼寧省文物考古研究所·本溪市博物館·本溪縣文化館:「遼寧本溪縣廟後山同穴墓地發掘簡報」,『考古』1985年 6期.
　　遼寧省文物考古研究所·本溪市博物館:『馬城子 -太子河上流洞穴遺存-』, 文物出版社, 1994.

마성자문화 동굴 내 무덤

마성자문화의 질그릇은 주로 호(壺)와 북형 단지, 대야 등이 많았다. 또 기물에는 귀가 많이 달렸다. 무늬는 주로 덧띠무늬와 줄무늬 등이 많았다.

질그릇의 재질은 진흙질의 고운 모래 알갱이가 섞인 것들이 많았다. 큰 취사기에는 큰 모래 알갱이가 섞여 있었다. 색깔은 홍갈색이 가장 많았고 그다음으로 회갈색, 그리고 후기에는 검은색 질그릇이 나왔다. 무늬는 주로 민무늬이고 간혹 무늬가 있는 질그릇들이 발견되기도 했는데, 동그라미, 직선무늬, 파도무늬, 덧붙인 무늬, 보리형 오목무늬, 줄무늬, 손톱무늬 등이

마성자문화 각종 질그릇

있었다. 한편 채도가 일부 유물에서 확인됐는데 붉은 바탕에 검은색으로 그려진 것이 있고 붉은색과 검은 색을 같이 사용하여 그린 것도 있었다.

그릇은 주로 손으로 만들었는데 테쌓기 방법이었다. 종류는 호, 단지, 바리, 대접, 대야, 잔 등이다. 대부분 굽을 단 것도 특징이다. 무덤에서 발견된 질그릇 가운데 삼족기(三足器)는 발견되지 않았다.

마성자문화에서 옷감을 짜는 방추차가 발견됐는데 돌로 만든 것과 흙으로 만든 것이 있었다. 돌 방추차는 크기가 크지만 한 종류였다. 질그릇 방추차는 가볍고 형태는 여러 가지였다. 실제로 당시에 사용됐던 옷감이 발견됐는데 매우 섬세하게 짠 것을 볼 수 있었다. 옷감의 재질은 마였다.

장식품으로는 돌 구슬, 돌 옥, 뿔 장식, 벌레형 옥기 등이 있었다. 석기는 발달한 편이지만 옥기는 많지 않았다. 옥은 매우 정교하게 연마된 것을 볼 수 있다. 청동기는 아주 적은 수가 발견됐는데, 고리, 귀고리 등이 발견됐다. 주로 단조를 한 것이다.

③ 소주산상층문화

소주산상층문화의 분포범위 소주산 하층, 중층과 거의 같다. 이 문화의 상한연대는 지금으로부터 4900 하한은 지금으로부터 3990년경으로 추정된다.

이 문화의 무덤은 돌을 쌓아 만든 적석무덤이며, 여러 무덤들이 군(群)을 형성하고 있다. 무덤 유적은 요동반도 남단에 집중적으로 분포되어 있는데, 이 중 노철산, 장군산, 사평산, 대령산(大嶺山) 등의 적석무덤은 발굴되었다. 이 유형의 적석무덤군은 대부분 해안 근처의 산과 구릉의 꼭대기, 혹은 해안 구릉에 위치한다. 적석무덤들은 자연석과 강돌을 쌓아 장방형, 방형, 원각방형의 형태를 가지는데, 여러 무덤들이 서로 연결되어 구릉에 나

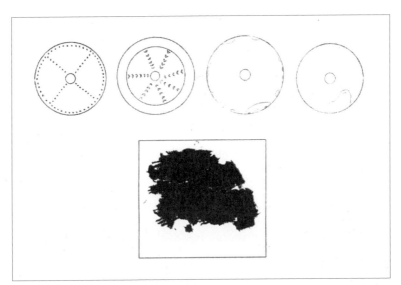

마성자문화의 방추차 및 옷감

마성자문화의 금속장식품(청동기)

란히 배열되어 있는 것이 특징이다. 이미 발굴된 노철산과 사평산의 적석무덤들은 그 규모가 매우 크며 무덤이 위치한 산의 높이 또한 매우 높다. 이들은 십 수개의 적석무덤이 서로 연결되어 산등성이의 경사에 나란히 배열되었다. 특히 사평산의 적석무덤들은 산의 꼭대기로 갈수록 무덤의 규모가 대형화되는 추세를 보인다. 노철산 적석무덤의 길이는 7~20m까지 다양하며 내부에는 다수의 무덤방이 존재한다. 묘의 바닥에는 돌을 깔았고 꼭대기는 대형의 돌을 덮었다. 부장품으로는 질그릇, 석기, 장식품 등이 있다. 질그릇의 기종으로는 단지, 제사용기인 두, 홑귀잔, 세 개의 환족(環足)이 달린 반형정(盤形鼎)이 있는데, 이것들은 소주산상층문화의 전형적인 기종으로 알려져 있다.

주거지를 볼 때 모두 반지하식으로 평면 형태가 원각 방형인 것과 원형인 것 등 두 종류가 있다. 규모는 일반적으로 직경 6m 전후이다. 실내에는 크고 작은 기둥 구멍들이 있다. 바닥면에는 흙을 평탄하게 깔고 그것을 밟아서 굳게 다졌다. 벽과 지붕에는 풀을 섞은 진흙을 발랐으며, 벽면에는 불을 놓아 색이 붉다. 실내에는 화덕 시설이 있는데, 일부 화덕 시설 주위에는 지면보다 높이 올라온 소토대(燒土臺)를 두었다.

이 문화의 질그릇은 모래가 낀 흑갈색 질그릇 위주이며, 그 다음으로는 홍갈색 질그릇과 홍색 질그릇, 흑색의 질그릇이 있다. 진흙질 질그릇에는 홍색과 흑색의 질그릇이 있으며, 단각 흑색 질그릇도 발견된다. 기종은 매우 많은 편이지만, 그 중 단지의 수량이 가장 많다. 이 외에 세발질그릇, 단지, 접시, 사발, 잔, 독, 뚜껑 등이 발견되었다. 질그릇에는 손잡이 또는 꼭지와 같은 부속이 달려 있는 것이 많다.

질그릇에는 문양이 없는 경우가 주류여서 소주산 중층 문화의 질그릇에 비해 문양이 크게 감소한다. 그러나 여전히 각획된 삼각문, 그물문, '人' 자

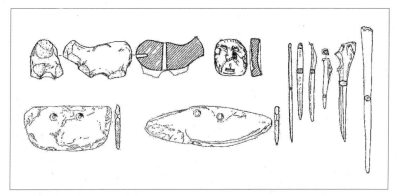

소주산상층문화의 장식품 및 도구

문, 평행사선문, 현문, 물결문[수파문(水波文)], 곡선문, 자점문(刺點文) 등이
확인되며, 질그릇의 구연부에 시문된 융기문이 비교적 많이 발견된다.[72]

④ 대취자문화(大嘴子文化)

대취자문화는 1987년 요녕성 대련시(大連市) 감정자구(甘井子區) 대련만
진(大連灣鎭) 이가촌(李家村)의 동북 2km 지점에 있는 대취자유적 근거로
붙여진 이름이다. 첫 발굴 이후 유적 내에서 다양한 유물들이 발견되었고
보존이 잘 되어 있었기 때문에 1992년 봄에 다시 요녕성 문물고고연구소,
길림대학교 고고학과, 대련시 문물관리위원회가 함께 발굴을 진행했다.

유적은 지층 퇴적 양상과 출토 질그릇의 형태에 따라 조기, 중기, 만기의
세 시기로 발전 단계를 구분한다. 주요한 분포지역은 대련반도 동남쪽이다.

주거지는 깨끗하게 발굴된 것이 없어 자세한 내용은 알 수 없다. 다만 기

---

72) 趙賓福, 최무장:『中國東北新石器文化』, 집문당, 1996.
　　王彦華:「遼南與遼東新石器時期文化比較硏究」, 吉林大學碩士學位論文, 2007.
　　徐崢晨·金英熙:「小珠山二期文化相關遺存的關系」,『滄桑』2014年 第1期.
　　張翠敏:「小珠山三期文化與雙砣子一期文化再認識」,『北方文物』2012年 第4期.

대취자문화 주요 분포지

본 형태는 움무덤이고 방형에 가깝다.

유물은 돌도끼, 돌칼, 뚜르개, 그물추, 뼈송곳, 질그릇 등이 발견되었다. 질그릇은 모래질이 낀 회갈색이 가장 많고 흑갈색이 그 다음으로 많다. 그릇의 기본 특징은 아가리에 띠를 두르고 바닥이 평평한 것이 기본 형이다. 문양은 줄무늬, 점선 무늬 등이 있다. 채색 그릇도 보이는데, 홍색, 백색, 황색의 세 가지 색깔이다. 질그릇의 종류로는 사발, 단지, 두레박 등이 있다. 이 질그릇들은 시기적으로 약간씩 차이가 있지만 전기 그릇의 기본 틀을 계속 이어가고 있다.

그리고 청동기로는 작은 칼이 발견되었다. 그러므로 대취자문화시기는 청동기시대로 볼 수 있다.[73] 산동지역과 많은 교류가 있었던 것으로 보이는데 산동지역의 유물과 관련하여 연대를 추정해보면 이 문화의 연대는 지금으로부터 4000년경에 시작하여 하한은 지금으로부터 3300년 전후한 시기로 추정된다. 이 연대안에서 아직 고인돌을 발견되지 않았다.

---

73) 遼宁省文物考古研究所 外 : 「遼宁大連市大嘴子靑銅時代遺址的發掘」, 『考古』1996年 第2期.

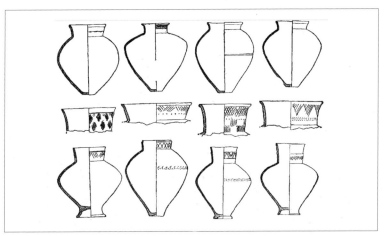

대취자 유적 만기의 질그릇

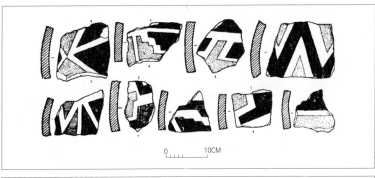

0 ⌷⌷⌷⌷⌷ 10CM

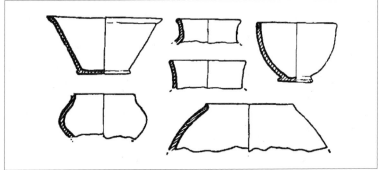

대취자문화 질그릇 무늬(상단은 채회도)

석관묘(石棺墓) 문화

1) 돌널무덤(石棺墓)

돌널무덤(石棺墓)은 석상분(石箱墳)이라는 다른 명칭을 가진 청동기시대의 묘제(墓制) 중 하나이다. 돌널무덤은 지하에 판석·괴석·강돌 혹은 이와 같은 돌을 함께 섞어서 직사각형 모양의 석관시설을 만들고, 그 안에 시신과 부장품을 넣는 방식으로 만들어진다. 돌널무덤은 짜임새의 성격에 따라서 판석묘(板石墓)와 할석묘(割石墓)로 분류한다. 이 중 판석묘는 한쪽 벽이 한 장의 판돌로만 이루어진 단판석식(單板石式) 돌널무덤과 여러 장을 이어서 만든 복판석식(複板石式) 돌널무덤으로 분류된다. 이와 더불어 무덤구덩이의 축조방식과 깊이에 따라서 일단(一段) 돌널무덤과 이단(二段) 돌널무덤으로 구분하는 방법도 존재한다.

돌널무덤은 현재까지 밝혀진 바에 의하면, 시베리아로부터 중국 하북성 및 중국 동북지방과 중국 산서성·사천성, 러시아 연해주, 한반도 전역, 일본 규슈에 걸친 넓은 범위에 분포하고 있다.

중국 동북지방의 돌널무덤은 강이나 하천에서 가까운 산이나 구릉의 경사면에 무리를 이루어 만들어져 있으며, 동일한 문화속성을 공유하는 지역단위 및 자연수계를 기준으로 총 5개의 지역으로 분류할 수 있다. 이 지역의 돌널무덤은 돌널무덤의 위치나 돌널무덤 건축의 재료 및 재질 그리고 매장 방식과 껴묻거리 등에서 서로 다른 차이점을 보인다.

한반도 북부지역의 경우, 돌널무덤이 주로 분포하는 지역은 대동강유역이며, 강계 주변지역에서도 돌널무덤이 발견되고 있다. 특히, 강계 풍룡동 유적 등에서 발견된 동촉은 중국 요녕성 지역에서 발견된 것과 매우 유사한 성격을 보인다.

중국 동북지방의 돌널무덤은 동일한 문화속성을 공유하는 지역단위 및 자연수계를 기준으로 5개로 구분할 수 있는데 그중에 두 지역만 간단하게 소개해본다.

첫째, 요녕성 서부지역이다.

이 지역은 노노이호산의 동쪽에서 의무려산(醫巫閭山)의 서쪽에 위치하는 대릉하 중·상류 지역을 중심으로 건평(建平)·능원(凌原)·객좌(喀左)·조양(朝陽) 지역이 주요 분포범위에 속한다. 이 지역의 돌널무덤은 주로 산 아래에 위치하는 대지에 1~2기씩 산발적으로 발견되고 있으며, 체계적인 발굴조사에 의한 것보다 우연하게 발견된 예가 대부분이다. 돌널무덤은 단독으로 일정한 무덤 떼를 이루고 있는 경우보다 단일 묘지에서 수혈토광묘(竪穴土壙墓)·움무덤 등 다른 묘제와 혼재해 있는 경우가 대부분이다. 석관의 구조는 주로 괴석형이며 뚜껑돌은 주로 판석을 사용했으며 석관의 바닥에는 대부분 강돌이나 판석을 깔았다. 한편 십이대영자(十二臺營子) 돌널무덤의 예와 같이 석관 내부에는 일반적인 목관흔적과는 다른 목판형태의 목질 장구와 수피(樹皮) 흔적이 발견되고 있어 다른 지역과 구별되는 특징을 보여준다. 이와 달리 남동구(南洞溝) 돌널무덤의 경우 묘광과 석관 사이에 다시 흙을 채워 넣는 이층대(二層臺)의 흔적이 발견되고 있고 객좌 원림처(圓林處) 돌널무덤에서는 석관의 덮개돌 상부에서 다량의 소석편(小石片)이 발견되고 있는 점으로 보아 전국시기 연나라 문화의 영향을 확인할 수 있다. 부장품에는 비파형동검이 다량으로 발견되고 있으며, 각종 청동기 및 석기와 토기가 발견된다.

둘째, 요동지역이다.

이 지역의 낮은 산 구릉지대에 속하는 서풍(西豊)·청원(淸原)·신빈(新

濱) · 무순(撫順) · 본계(本
溪) · 요양(遼陽) 지역이 주
요 분포범위이며, 특히 혼
하(渾河)와 태자하(太子河)
중 · 상류지역에 집중적으
로 발견되고 있다. 돌널무

부여 송국리 돌널무덤

덤은 해발 200~400m 정도의 저산 구릉지대에서 1~2기씩 산발적으로 발
견되고 있으며, 일부 묘군을 형성하고 있는 경우에는 돌널무덤으로 이루어
진 단독 무덤 떼를 형성하고 있다. 묘지의 규모는 대부분 작은 형태에 속한
다. 석관의 구조는 혼하 북쪽에 속하는 석립자(石砬子) · 성신촌(誠信村) · 대
화방수고(大伙房水庫) · 문검(門臉) · 이가보(李家堡) · 갑방(甲幇) 돌널무덤의
경우 대체로 판석을 세워서 석관을 축조하며 석관내부에서 동물뼈가 발견
되지 않는 데 비해 천산산지(天山山地)를 중심으로 하는 신빈 · 본계 · 요양
지역의 경우에는 주로 괴석이나 강돌을 사용하여 무덤 벽을 쌓아 올린 형식
으로 석관이나 부장토기의 내부에서는 돼지 뼈들이 발견되고 있다. 석관내
부에서 목질장구의 흔적은 확인되지 않으며, 일부 돌널무덤에서는 부장품
을 안치하기 위한 부관의 형태가 발견된다. 매장방식은 대부분 단인장이며
장식은 주로 앙신직지장이다. 예외적으로 성신촌 · 접관청(接官廳)의 경우
와 같이 일부 돌널무덤에서는 굴지장(屈肢葬)이나 다리만을 서로 교차시킨
형태도 발견되고 있다. 부장품에는 주로 질그릇, 바파형동검, 여러꼭지 잔
줄무늬 거울 등 청동기와 석기 위주이며, 청동장식품은 거의 발견되고 있지
않아서 다른 지역과 뚜렷한 차이를 보인다.

　한국에서도 많이 발견되는데 한국에서 발견되는 것은 기본적으로 중국
의 요동반도와 비슷한 양식이다. 부장품 역시 비슷한 양식들이다.

5. 요동지역 바위그림 개요

　　요동지역은 불과 얼마 전까지 만하여도 바위그림에 대한 보고가 없어 바위그림이 없는 것으로 인식하였다. 그러나 최근 들어 보람점시 쌍방의 성혈 그리고 안산시 박물관에서 조사한 바에 의하면 안산시 해성지역에서 대량의 성혈들이 확인되었다. 이런 현상은 위의 두 지역에서만 한정될 것으로 보이지 않는다. 아마도 다른 지역도 충분히 있을 것이지만 바위그림은 고고학적으로 연구를 한 것이 아니기 때문에 지나치는 경우가 많았을 것이고, 혹은 발견되었다 하여도 지나쳤을 것이다.[74] 그러나 최근 발견된 성혈과 바위그림을 토대로 하여 조사한 결과 안산지역에서 많은 성혈들이 발견되었다.

---

74) 요동지역의 고대문화는 1900년대부터 조사되기 시작하였다. 그러므로 적어도 성혈정도는 이미 확인이 되었을 것이다. 그 흔적으로 석목성자 고인돌의 홈은 누구도 알 수 있는 것들이다. 또한 여순반도의 강상, 누상 무덤들을 조사할 때도 그 돌널무덤 덮개들이 이미 성혈은 확인되었을 것이다. 이런 정황들이 있는데도 불구하고 연구되지 않은 것은 연구할 가치를 느끼지 못했을 것이기 때문에 연구되지 않았을 것으로 본다.

안산지역에서 발견된 성혈의 집중 분포지역은 해성시(海城市), 천산구(千山區), 철동구(鐵東區), 고신구(高新區), 옥불산 풍경구(玉佛山 風景區) 등이 중심으로 17개촌 74지점에서 확인되었다. 발견된 지역은 모두 해발 200m 이하지역의 화강암 바위에 새겨져 있었다. 이들 성혈은 갈아서 새긴 것도 있고 쪼아서 파낸 것도 있었다. 크기는 모두 다르고, 홈의 깊이도 다른데 대부분이 2~4cm이다. 홈의 모양은 대부분이 남비형으로 생겼는데 직경은 3~13cm 이다. 구멍이 있는 것은 하나가 있는 것, 두 개가 있는 것, 혹은 여러 개가 조합을 이루고 있는 것들이 있는데 그 배열 방식을 모두가 다른데, 둥근 원의 형태로 조합된 것, 하늘의 별자리 모습이 배열된 것 등 다양하다. 구멍을 팔 때 도안한 형태를 보면 중앙에 큰 구멍을 뚫고, 그 주변에 둥글게 홈을(매화 또는 태양화) 파서 이어놓은 것들이 가장 많았다. 이 주변 홈들은 5엽 혹은 9엽이 가장 많았는데, 기본적으로 그 수는 일정하지 않았다. 이것 외에 태양과 달, 그리고 네모형태의 도안도 있었는데, 이것들은 모두 무엇인가 상징하는 것들로 봐야 할 것이다. 대부분의 성혈들은 거북형바위 위에 새겨졌다는 것이 가장 큰 특징이다. 이런 기본적인 개념을 가지고 발견된 몇몇 그림들을 이해할 필요가 있다.

(1) 해성지역

해성시는 안산시에 서쪽에 위치하며 바다와 연결되는 지역으로 고대유적들이 많이 발견되는 지역으로 그중에 대표적인 것이 석목성자 고인돌로 볼 수 있다.

이 석목성자 고인돌 주변으로 많은 바위구멍들이 파인 것이 확인되었는데 그 순서를 정해보면 다음과 같다. 석목성자 고인돌을 중심으로 가장 동쪽에 있는 것을 1지점, 거북바위를 2지점, 거북바위 남쪽 경사면에 있는 것을 3지점, 그리고 그 남서쪽 과수원에 있는 것을 4지점, 석목성자 고인돌을 5지점으로 지정할 수 있다.[75] 각 지점의 특징을 보면 다음과 같이 구분할 수 있다.

고수석촌 전경

---

75) 이 조사는 석목성자 고인돌을 답사하는 과정에서 동네주민들이 석목성자 고인돌 판석 안에 있는 구멍들이 이곳저곳에 있다고 안내를 해줘 알게 되었다. 다만 중국지역에 있어 구체적으로 위치확인 등은 하지 않고 보이는 것만 메모를 하였다.

석목성자 고인돌과 고수석촌 전경

① 고수석촌(姑嫂石村) 성혈

❶ 1지점

1지점은 서쪽산과 동쪽 산을 잇는 계곡에 있는데 작은 바위 위에 새겨져 있다. 이 계곡은 높은 언덕으로 변했는데 이 언덕을 중심으로 남북이 경계가 되는 곳으로 보인다. 이곳에서 사방으로 바라보면 남북쪽에 훤하게 보이는 곳에 위치하고 있다. 바탕돌은 활석계통으로 보이며 크기는 0.8m×0.6m정도이고, 높이는 0.5m정도로 추정된다. 바위는 두 쪽으로 갈라졌는데 구멍을 팔 당시 따로 따로 구분하지 않고 한 무더기로 판 것으로 추정된다. 만든 방법은 큰 구멍을 중심으로 주변에 작은 구멍들이 둘려있다. 큰 구멍은 너비가 7, 8cm로 추정되고, 작은 것은 3~5cm로 추정된다.

---

76) 「海城 "石龜天書" 隱含驚人天機」, 『風物遼寧』, 2011.10.27 星期四.
「청동제 천체원반 미스터리」, 『NATIONAL GEOGRAPHIC』, 2004년 1월호

| 1지점 전경 | 1지점 위치(서북쪽산과 일직선을 이룬다) |

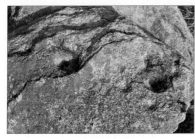

| 1지점 성혈구체도 | 1지점 성혈 탁본 |

❷ 2지점

2지점은 석목성자 고인돌의 동북쪽에 위치한 바위산 남동쪽 등성이 기슭에 자리하고 있다.[76] 위치는 동경 122°57′20″, 북위 40°40′04″, 해발 205m이다. 이곳은 바위산으로 나무들이 잘 자라지 못하는 지질적인 특징이 있다. 그러므로 전체적으로 바위가 암반이 발달하였는데 고인돌에서 보면 산등성이에 짐승이 앉아 있는 모습을 하고 있다.[77] 현장 가까이 가보면 이 바위는 하나의 바위 구역으로 형성되어 있는 것을 볼 수 있다.[78]

---

77) 이 바위를 처음 답사할 때 먼 곳에서 보면 곰 같은 형상으로 보여 '곰바위'라고 이름을 붙였다. 그런데 최근 중국 당국에서 이 바위를 거북바위로 이름을 지어 부르고 안내판을 달아 놓았다.

78) 이 구역은 인위적으로 만든 것은 아니고 자연적으로 형성된 것이다.

전체적인 모습은 남북쪽으로 방향을 잡은 바위가 형성되었고, 바위 서쪽 바닥에 암반을 다듬어 여러 형태의 그림을 새겼으며, 바위 남쪽 바닥은 비스듬한 경사를 만들어 다듬어 구멍을 파 놓았다. 전체적인 면적은 약 10m² 정도 될 것으로 추정된다.

이 성혈은 해성 석목진 고수촌 동남산 언덕에 있다. 이 바위형태는 거북의 형태를 하고 있어서 거북바위라고 부른다. 이 바위에는 145개의 홈이 파여져 있다. 이 바위등에는 타원형의 원이 파여져 있고, 이 안에 5개의 배꼽형 구멍이 파여져 있고, 그 주변에 63개의 홈이 파여져 있다. 또한 매화형 도안 1조가 새겨져 있었다. 그리고 이 돌의 동남쪽에는 태양형 도안이 새겨져 있고 서남쪽에는 달의 형태 도안이 새겨져 있으며 안에 3개의 홈이 파여져 있는데 이것은 삼성(三星)과 비슷하였다.

바위아래 남, 서쪽에는 4개조의 매화형도안 이외에 3개의 방형 판이 새겨져 있다.

● 거북바위[79]

앞부분은 목이 짧은 짐승처럼 목이 표현되어 있고, 등 부분은 곡선으로 처리되어 있다. 전체 둘레는 4m 정도이며, 높이는 가장 높은 곳은 1.5m 정도이고, 낮은 곳은 0.3m 정도이다. 이런 형태의 바위인데 이중 등허리 부분의 중간부분에 남쪽 방향으로 굵은 타원형 선을 새기고, 그 안에 일곱 개의 구멍을 새겼다. 구멍지름은 각자 다 다른데 그리고 타원형 밖으로 작은 구멍들을 새겨놓았다. 여기에 새겨진 타원형과 타원형 안의 구멍들은 기원전 30세기 전후의 은하계를 표현했을 가능성이 높다는 견해도 제기되었다.[80]

---

79) 이 바위를 거북바위라고 하는 것은 바의 등쪽에 거북껍질처럼 구멍이 새겨져 있어서 붙인 이름이고, 전체적인 형상은 다리가 긴 짐승이 앞다리를 세우고, 뒷다리를 주저앉은 형태이다.

고수석촌 거북바위 전경

고수석촌 거북바위 구체도

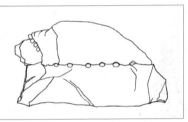

거북바위 그림

거북바위 등에 새겨진 각종 그림

---

80) 양홍진·복기대: 「중국 해성(海城) 고인돌과 주변 바위그림에 대한 고고천문학적 소고(小考)」,
『東아시아 古代學』29, 東아시아 古代學會, 2012년 12월.

거북바위 등에 새겨진 각종 그림 탁본

● 기하무늬구역

기하무늬 구역 암반은 원래 표면이 평평하지 않은 듯하다. 현재 상태는 네모꼴로 다듬어졌는데, 표면에서 2~5cm 쪼아내서 평평하게 만들었다. 전체 면적은 0.8m×0.8m 정도이다. 이곳에 큰 구멍을 중심으로 작은 구멍이 둘러쌓은 원형체, 십자가 형태, 네모꼴 형태 등 다양한 그림들이 새김과 돋을 새김으로 새겨져 있다. 같은 구역 내라고 하지만 새김방식은 다른 것을 볼 수 있다. 곰바위와는 다른 그림들이 새겨져 있다.

기하무늬 및 성혈도 전체 모습

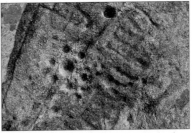

기하무늬 각 부분

● 남쪽마당

남쪽 마당은 남북방향으로 비
스듬히 다듬어졌는데 면적이 5
m²정도이다. 이곳에는 주로 구
멍들이 새겨져 있는데, 곰바위나
기하무늬구역처럼 계획적으로
그림이 새겨진 것은 적고 자유롭
게 새겨져 있는 것을 볼 수 있다.

❸ 3지점

3지점은 2지점에서 300m 정도 산등성이를 타고 내려오면 동서방향으
로 비스듬한 마당바위들이 나타난다. 전체적인 방향은 남동방향을 하고 있
다. 어떤 것은 마당형태이고, 어떤 것은 높이 0.5m 정도의 직벽도 있다. 전
체 면적은 약 30m² 정도이다. 이 마당에 둥근 구멍들을 파놓은 것도 있고
새긴 것도 있다. 간혹 직벽에 새긴 것은 규율이 있어 보이는데 마당에 새긴
것은 규율이 없어 보인다. 구멍의 너비는 2~4cm 정도이다.

| 3지점 성혈그림 전경 | 3지점 성혈그림 부분 |

❹ 4지점

3지점에서 산등성이를 따라 200m 정도 내려오면 산굽이길을 만나는데 이 굽이길 바로 서남쪽에 있다. 기본적인 형태는 평평한 마당바위로 전체 면적은 3m²정도이고 직사각형이다. 이곳은 'X'자형태의 기하형 도형이 새 겨져 있고, 구멍도 새겨져 있다. 이 구멍들은 칸을 나누어서 새겼다.[81]

| 4지점 성혈 | 4지점 성혈그림 탁본 |

| 4지점 기하무늬 그림 | 4지점 기하무늬 그림 탁본 |

❺ 5지점

　5지점은 석목성자 고인돌인데 이고인돌의 판석에 구멍들이 새겨져 있다. 위치는, 동경 122°57′05″, 북위 40°40′01″, 해발 141m이다. 이 고인돌의 연대는 청동기시대로 고인돌의 서쪽 안벽에는 54개의 홈이 확인되었는데, 그중 3개는 비교적 큰데 3성과 비슷해 보인다. 고인돌의 남쪽 문 단면상에는 두 줄로 33개의 구멍이 파여져 있었는데 이는 아마도 한 폭의 천상과도 같다. 있다. 이 판석에 많은 구멍을 새겼는데 매우 조밀하게 새겼다. 가장 많은 구멍을 새긴 것은 서쪽 판석이고, 동쪽 판석은 몇 개 없고, 서북쪽 판석 역시 몇 개 없다. 남쪽은 판에는 없고 판석 위부분에 새겨져 있다. 서쪽 판석은 매우 조밀하게 새겨놓았는데 규율성은 보이지 않는다. 구멍의 크기는 2~5cm이다. 고인돌이 건축된 상황을 봐서는 이 구멍들은 고인들을 세우고 나서 새긴 것이 아니라 원래 그림이 새겨진 판석을 떼 와서 고인돌을 세운 것이라는 것이다. 또 하나의 특징은 모든 구멍이 새겨진 면이 안쪽으로 배치를 한 것이며, 또한 고인돌을 세우고 나서는 단 하나도 구멍을 새기지 않았다는 것이다. 만약 새겼다면 밖의 공간에도 구멍이 보일 텐데 하나도 보이질 않는 것으로 보아 고인돌을 세운 이후로는 구멍을 새기지 않은

| 5지점 석목성자 고인돌 원경 | 5지점 석목성자 고인돌 내 성혈 |

81) 현재는 애석하게도 이곳을 광산으로 개발하여 이 바위그림은 흔적도 없이 사라졌다.

것으로 볼 수 있다. 이런 차이는 바위그림 연대를 추정하는데 큰 도움이 될 것이다.

이 판석을 어디서 가져왔는가 하는 것이다. 돌전문가가 현장을 답사한 결과 이 바위그림 판석은 이 고인돌에서 멀지 않은 곳에서 가져 왔다고 한다. 구체적인 위치는 이 고인돌에서 동쪽으로 400m 지점에 돌판들을 뗀 흔적들이 있는데 이곳에 있는 돌이었을 거라는 추측을 하였다.[82]

(2) 달도욕촌(達道峪村) 성혈

이 성혈은 달도욕촌 북쪽으로 2km지점의 산 정상으로 동경 122°57′ 46″, 북위 40°40′02″이며 해발 274m 서쪽으로 3km를 가면 '단석고속도로'이다. 이곳에는 두 곳의 성혈이 있다.

① 거북형바위 성혈

길이가 3.4m, 너비가 1.5m, 높이가 1.5m의 바위이다. 이 바위 위에 4개 조의 홈이 두 줄로 파여져 있다. 왼쪽의 두 개는 서로 거리가 26cm이고, 홈의 직경은 4cm, 깊이는 2cm이다. 오른쪽은 두 개의 거리는 17cm이며 직경은 5cm이고 깊이는 2cm이다.

---

82) 대한민국 석장인 이재순 선생님의 현장 고증이 있었다.

② 쪼개진 바위 성혈

거북바위에 서쪽으로 500m지점에 있다. 바위의 길이는 2.4m, 너비는 2.4m, 높이는 0.8m이다. 이 바위 위에는 12개의 홈이 파여져 있다. 그 가운데 6개를 1조로 하는 매화형 도안을 새긴 것이 있다. 그 북쪽으로 15cm 정도에 하나의 커다란 홈이 파여져 있는데 직경이 12cm이다.

(3) 노우채촌(老牛寨촌) 성혈

이곳은 해성시 동남 32km지점의 접문진(接文鎭) 노우채촌의 남쪽 1km 지점 북쪽 언덕에 있는데, 동경 122°58′51″, 북위 40°41′47″, 해발 185m

이다. 이 성혈은 세 덩어리의 바위덩이가 거북이처럼 쌓여진 곳에 파여져 있다. 돌의 머리 방향은 약간 동쪽으로 길이가 0.5m, 너비가 0.4m로 거북 등처럼 생겼는데, 이 위에 27개의 홈이 파여져 있다.

(4) 접문촌(接文村) 성혈

이 성혈은 해성시 접문진 동쪽으로 약 1km에 있는 요구촌(窯溝村)의 뒷산에 있는데, 동경 123°00′37″, 북위 40°43′37″, 해발 259m이다. 그 지방 사람들은 큰 고인돌(大石棚)이라 부르는데 이곳에는 두 곳에 성혈이 있다.

① 2층 바위 성혈

이 바위는 두 바위가 포개져 있는 형태인데 밑 바위의 밑변 길이가 4m, 너비가 1.5m이고, 윗바위의 길이는 2.5m, 높이가 1.7m이다. 이 큰 바위의 동측에 한 조

의 큰 도안이 있고, 이것으로부터 37cm떨어진 곳에 크고 작은 15개의 홈이 파여져 있는 분포형태는 규칙적이지 않다. 이 가운데 가장 큰 것이 직경 14cm이고 깊이는 3cm이며, 가장 작은 것은 직경 5cm, 깊이가 3cm 이다.

② 큰 바위 성혈

이 성혈바위는 2층바위의 서쪽 20m 지점에 위치하고 있는데 그 형태는 거북과 비슷하다.

바위 길이는 4m, 너비는 3m, 높이는 2m정도 인데, 26개의 홈이 파여져

있는데 규칙적이지 않지만 6개의 조로 나뉘어져 있다.

제1조 도안은 이 바위의 제일 남쪽에 위치하는데 15개의 구멍으로 이뤄져 있다. 그 중 1개의 매화형 도안은 7개의 구멍으로 이뤄져 있는데, 중간에 하나의 홈이 있고 이를 둘러싸고 6개의 홈을 팠다. 나머지는 흩어져 있다.

제2조 도안은 1조도안의 동북쪽 57cm에 위치하고 있는데 2개의 도안을 볼 수 있다. 하나는 원형의 도안이고, 다른 하나는 '回'자형 도안이다.

제3조 도안은 제1조 도안의 북측 93cm에 위치하는데 4개의 구멍이 있는데, 각 1조마다 두 개의 구멍으로 이뤄져 있다.

제4조 도안은 제3조 도안의 서측 32cm에 있는데, 이 조의 도안은 하나의 장방형 홈과 5개의 성혈로 이뤄져 있다.

제5조 도안은 제4조도안의 서측 64cm에 있는데, 도안은 이 바위의 머리 부분에 속하는 가장 높은 곳에 자리하고 있다. 하나의 초승달 모양의 홈으로 구성되어있는데 이 홈의 길이는 20cm 정도이고 너비는 8cm이다. 이 초승달 모양의 도안 남측 1.2m에 하나의 커다란 홈이 있는데 직경이 15cm이다.

제6조 도안은 제1조도안의 동측 20cm에 위치하고 있는데 직경 10cm 하나의 홈으로 구성되어 있다.

(5) 송가보자촌(宋家堡子村) 성혈

이 바위그림은 해성시 접문진 송가보자촌 태양구 북쪽 산의 남쪽 과수원에 있는데 동경 123°02′16″, 북위 40°43′37″, 해발 232m이다. 이 과수원안의 커다란 바위가 있는데, 이 바위를 새형거북이라고 부르는데, 동서 길이 3.3m, 남북너비 4.6m, 높이 1.5m이고 머리는 동쪽으로 향하고 있다. 이 바위 등에 울퉁불퉁한데 여기에 17개의 홈이 파여져 있다. 이 바위 등에 1조의 도안이 있는데 이들을 두 줄의 홈으로 이뤄졌는데 모두 7개의 홈이 있다. 이 도안의 남쪽 7cm 이르는 곳에 한 줄의 도안이 있는데 모두 4개의 홈으로 구성되어 있다. 이 바위의 남쪽 1.4m 이르는 곳에 2개의 홈이 보이고, 이 바위의 서남쪽에 아래 1.4m에 또 하나의 홈이 파여져 있다. 이외 나머지 3개의 홈은 규칙적이지 않아 어느 범주에 넣을 수 없다.

 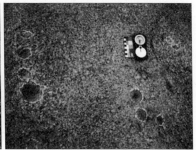

(6) 천산구

① 대장석촌(對欌石村) 성혈

이 성혈의 위치는 천산구 대과산진촌 대장석촌진 안에 있는데 동경 123°03′13″, 북위 41°00′06″, 해발 229m이다. 과저산(鍋底山) 위에 있다.

이 산은 많은 바위돌이 쌓여져 이뤄졌고 산 정상에 하나의 큰 돌이 있는데 이 돌의 동북 편에 머리 모양이 약간 남쪽으로 향한 바위가 있다. 이 바위의 머리 부분아래에 12개의 홈이 파여져 있다. 그리고 이 바위 아래에 28개의 홈이 파여져 있다. 또한 돌 벽에 25개의 홈이 파여져 있다. 이 바위그림의 북쪽 아래에 고인돌하나가 있는데, 이 석붕은 불규칙한 삼각형으로 남북이 서로 통하고 있다. 높이는 1.7m, 벽에는 50여개의 홈이 파여져 있다. 이 주변에 세 곳의 방형 판석이 있는데, 도안은 매화형이거나 혹은 규칙적이지 않은 것이다.

(7) 철동구

① 파분구촌(巴墳溝村) 성혈

파분구촌 성혈은 천산구 대과산진 동쪽 4km지점에 있는데 동쪽으로는 양이욕촌 (羊耳峪村)과 이어지고, 님으로는 최가둔(崔家屯)과, 서로는 서고영성자(西靠英城子)

로 이어진다. 동경 123°02′41″, 북위 41°05′41″, 해발 170m이다. 이곳에는 거북이형 바위가 하나 있는데 머리 방향은 북으로 향하고 있다. 이 바위의 등에 121개의 성혈이 파여져 있는데, 이 홈의 매화형으로 7개조가 있다.

(8) 고신구

① 충심보촌(忠心堡村)성혈

이 성혈바위는 천산구 천산진 정부의 서쪽에 있는데, 동쪽으로는 철도와 이어져 있다. 이 성혈바위는 이 촌의 서쪽 산위에 있는데 모두 11곳이 확인되었는데 그 중 하나의 위치는 동경 123°04′35″, 북위 41°05′28″, 해발 115m이다. 이 바위에는 17개의 홈이 파여져 있는데 모두 매화형 도안으로 파여져 있다.

② 충심보서산(忠心堡西山) 성혈 바위

충심조 서산이 남쪽 산등성이에 있는데, 그 동북쪽에 옥만만(玉巒灣)소구이고, 동남쪽으로 2km 정도에 위치하는데, 동경 123°04′30″, 북위 41°05′18″, 해발 99m이다. 이곳에 한 덩어리의 규칙성이 없는 바위돌이 있는

데, 그 표면은 울퉁불퉁하다. 길이는 1.8m, 너비는 1.2m이고, 높이는 북쪽은 1m, 남쪽은 0.8m이다. 모양은 거북형이고 머리 방향은 약간 북으로 향하고 있다. 이 바위에 1조의 매화형 도안이 있는데 모두 7개의 홈으로 이뤄져 있다. 이 바위아래 제사바위(裸露岩)에는 모두 23개의 홈이 파여져 있다.

(9) 옥불산 풍경구

① 뇌달산(雷達山) 성혈

이 성혈은 철동구 35중학교 동측 대덕어정 소구 남쪽으로 500m에 있다. 동경 123°00′52″, 북위 41°07′05″, 해발 124m이다. 통왕산 정상 작은 길을 따라 5m에 이르면 한 덩어리의 거북형바위가 있는데, 머리 방향은 서쪽으로 향하고 있다. 길이는 1.3m, 너비는 1.1m이다. 이 바위에는 한조의 매화형 도안을 볼 수 있는데 모두 6개의 홈으로 구성되어 있다.

(10) 신금 쌍방 바위그림

중국 요녕성 보란점시(普蘭店市) 안피진(安波鎭) 덕생촌(德勝村)에 위치한다. 사방이 모두 보이는 점에서 소관둔, 석붕산 석붕의 위치와 비슷하나 조금 더 높은 곳에 위치하고 있다. 이곳에는 개석식 고인돌도 많이 발견되었는데 특히 개석식 고인돌에서는 비파형동검, 미송리식토기, 도끼거푸집 등이 발견된 바 있다. 특히 비파형동검은 그 조형이 무엇이냐 하는 데에는 이

쌍방 고인돌 부근 바위그림(성혈과 기하무늬)

론이 많은데 이곳에서 그 중의 하나인 비파형동검이 출토된 것이다. 1980
년 탁자식 고인돌 6기와 뚜껑돌이 있는 돌널무덤(石蓋石官墓) 3기를 수습
조사하였다. 이 고인돌은 해발 60m에 위치하는 데 탁자식 고인돌과 개석
식 고인돌이 함께 위치했던 곳이다. 지금은 2호 고인돌의 굄돌과 바닥돌만
이 남아있고 고인돌의 돌감으로 쓰였던 것으로 보이는 것들은 여기저기에
흩어져 있다. 그 가운데 2호 고인돌과 6호 돌널무덤이 비교적 잘 남아 있다.
2호는 110°ESE이고 좌표는 N39°48·422′, E122°25·627′이고 고도는
87m이다.

　　2호 고인돌에서 150m 정도의 서남향 바위에는 홈구멍이 30여개 새겨
져 있어서 한반도의 문화와 고인돌은 물론 홈구멍도 통하고 있음을 알 수
있었다.

(11) 누상무덤 덮개돌 그림

대련의 누상무덤은 청동기시대 무덤으로 추정되는데 이 무덤의 덮개돌에서 얕은 홈이 파여져 있었다. 이것을 성혈로 봐야 하는지는 의문이지만 분명한 것은 얕은 홈을 몇 군데 파던 흔적은 확인되었다. 이렇게 볼 때 이것은 성혈로 보는 것도 무리가 없을 것으로 판단된다.

여순지역 누상무덤 성혈도

(12) 연운채 고인돌 그림

연운채에서 한쌍의 고인돌이 발견되는데 이 중 동쪽에 있는 고인돌에서 국화모양의 성혈이 파여 있는 고인돌이 발견되었다. 이는 고인돌의 덮개돌에서 직접 새긴 것으로 학술적 가치가 크다고 볼 수 있다.

6. 요동지역 바위그림의 특징

 앞에서 요동지역의 바위그림에 대하여 확인해보았다. 확인해본 바와 같이 요동지역의 바위그림은 대부분이 성혈이고, 일부 기하무늬가 확인되었다. 성혈은 매우 다양하게 확인되었는데 공통적인 특징은 큰 구멍을 중심으로 주변에 몇 개의 홈을 돌려서 판 형식이다. 이것들이 무엇을 표현하였는지는 아직 구체적으로 밝혀지지 않았지만 아마도 별들을 생각하고 새긴 것처럼 보인다. 그러나 별자리와 상관없이 새긴 것들이 있는데 이것은 어쩌면 하늘에 무수히 떠 있는 별들을 생각하고 새긴 것이 아닌가 한다. 기하무늬는 십자가형, 사각형 안에 'X'자를 새긴 모습들이 있었다.

 현재 대표적인 것으로 볼 수 있는 것은 요녕성 해성시 석목성자 고인돌 주변의 바위그림들이다. 이 그림들은 주로 구멍을 뚫는 형태로 만들어진 것이 대부분이다.

 기본 형태는 큰 구멍을 중심으로 주변에 작은 구멍들을 둘러쌓은 형태가 가장 많고, 기하형태도 많이 있다. 이런 형태는 현재 석목성자 고인돌 판석에서도 확인되는데 매우 많은 구멍들이 보이고 있다.

　주목해야 할 것은 제 2지점의 남쪽으로 산등성이를 타고 약 200m지점으로 가면 동서방향으로 약 10m 내외를 돌로 일직선을 표시해 놓은 표식이 있다. 이 돌은 자연 돌을 조금씩 다듬어 사용하였다. 이 표식은 아마도 제2지점의 경계를 표시하기 위한 것으로 보인다.[83] 이 사실은 매우 중요한 의미를 지닌다. 이런 정황을 볼 때 2지점은 범위가 설정되어야 할 필요가 있다. 그렇다면 이 범위를 어떻게 설정할 것인가 하는 것이다. 왜냐하면 남쪽 경계석을 기준으로 정하면 범위가 매우 넓어 질 것으로 본다. 2지점의 방향을 볼 때 2지점으로부터 약 200m정도 떨어진 북쪽 산 정상부터 범위를 넣을 수도 있는 상황이다. 왜냐하면 산 정상을 염두에 두고 전체 구도가 짜여진 것으로 보이기 때문이다. 이 산기슭의 남쪽으로 석굴이 하나 있는데 이 굴은 원래 자연적인 것을 사람들이 다듬어 사용하고 있다. 지금도 많은 사람들이 이 굴에서 기도를 올리고 있다. 그런데 이 굴을 가기위해서는 반드시 거북바위를 거쳐 가야 한다는 것이다. 그러므로 이 석굴, 곰바위, 산 정상은 같이 묶여져 움직였을 것이다. 그러므로 2지점의 전체 범위는 산등성이를 포함하여 설정하는 것이 타당하다고 봐야 할 것이다.[84]

　이렇게 범위가 설정되면 2지점은 여러 방면에서 연구 되어야 할 것이다. 기본적인 의견을 말하자면 다른 곳에서는 이런 세트를 이룬 바위그림은 아직 확인되지 않았으므로 이 구역은 특별한 사유가 있는 구역으로 볼 수 있다. 흔히 말하는 제사구역으로 볼 수 있지 않나 하는 것이다.

　해성 석목성자 고인돌은 그 형태나 건축기법 등에서 동북아시아의 대표

---

83) 풀이 조금만 무성하면 이 표식은 보이지 않는다.

84) 이 산마루에서 볼 때 산등성이는 몇 줄기로 나뉘어져 있는데 다른 줄기에서는 아직 바위그림들이 발견되지 않고 있다.

거북바위 내 경계선 흔적(사진 앞쪽에 돌담이 보인다)

거북바위 내 경계선 흔적(사진 앞쪽에 돌담이 보인다)

거북바위 뒤편 동굴 전경

거북바위 뒤편 동굴 부근 바위 기하무늬

5지점 석목성자 고인돌 내 성혈

적인 고인돌로 인정을 받고 있다. 이 고인돌의 연대에 대해서는 대부분이 청동기시대라는 것에 대하여 다른 의견은 없다. 이 고인돌은 다섯장의 큰 돌판으로 짜여져 있다. 이 다섯 돌판 중 천정판을 제외하고는 모두 성혈이 파여져 있다는 것이다. 가장 많이 파여져 있는 것은 남서쪽 판으로 거의 전면이 크고 작은 홈이 파여져 있다는 것이다. 그리고 동쪽과 서북쪽은 얕게 드문드문 파여져 있다. 그리고 출입문 쪽에는 위쪽 모서리 부분에 조밀하게 파여져 있다. 이런 것을 볼 때 이 고인돌은 원래 성혈이 파여진 돌 판을 떼와서 만든 것이다. 이 판석은 크기가 매우 넓은 바위판석으로 다른 곳에서 가져왔을 텐데 그렇다면 원래 판석은 이보다 훨씬 더 큰 판석이었을 것이다. 이런 점을 고려해볼 때 이 바위그림 판석역시 고수석촌에 포함되는 바위그림으로 볼 수 있을 것이다. 이것은 몇 가지 점을 시사해준다.

첫째, 이 고인돌의 연대가 청동기시대라면 이 성혈의 홈들은 늦어도 청동기시대이거나 그 이전에 되어야 한다.

둘째, 이 돌판들을 옮겨온 지역이 이 근처에서 멀지 않다는 것이다. 글쓴이는 이 고인돌 부근에서 많은 바위그림을 확인하였다. 이로 보아 이 근처에는 바위그림들이 곳곳에 많이 있다는 것을 알 수 있었다.

셋째, 내몽고지역의 바위그림의 특징 중에 하나가 사람얼굴이나, 짐승, 그리고 추상화된 짐승모습과 천문현상을 담고 있다면, 요동지역은 다른 모습을 모이고 있다. 주로 천문관련으로 추정되고 있다.

요동지역의 바위그림은 고인돌과 관계가 있을까 하는 것이다. 지금까지 발견된 바위그림 중 안산시 접문촌, 천산구 대장석촌, 신금 쌍방 고인돌 부근, 해성 석목성자 고인돌 등에서 바위그림이 발견되었다. 이런 양상을 볼 때 앞으로 더 많은 바위그림들이 고인돌과 관련 있는 것들이 발견될 것으로 본다.

전체적으로 볼 때 요동지역의 바위그림과 그 지역의 고대문화들과 어떠한 관계가 있느냐하는 것은 아직 구체적으로 말하기 어렵다.

다만 지금까지 연구결과를 볼 때 바위그림이 제작된 연대는 늦어도 기원전 12세기 이전부터는 되었을 것이라는 것이다. 이것은 천문연구결과와 맞물려 봤을 때는 늦어도 소주산중층, 후와상층, 그리고 편보자문화시기에는 이미 제작되기 시작한 것으로 보이는데, 연대를 볼 때는 지금으로부터 5000년 경부터는 제작되기 시작했을 것이라는 것이다.

그림의 내용을 볼 때 연꽃형의 그림들은 단순한 예술적 기능보다는 의사표시를 위한 행위로 볼 수 있다는 것이다. 이런 현상은 현재는 중국 요녕성 안산시 일대에서 주로 확인되었지만 이는 전체 요동지역에서 골고루 확인될 가능성이 매우 높다. 그렇다면 이 지역내에서 서로 통용될 의사표시로 볼 수도 있는 것이다. 어쩌면 숫자의 표시도 알 수 있는 단계에 이르지 않았나 추측도 해본다.

Ⅲ. 주변지역과의 관계

어떤 문화든 그 현상은 단독으로 존재하지 않는다. 그러므로 그 주변지역 문화현상과 비교를 해야 뚜렷하게 그 특징과 교류관계가 들어난다. 그러므로 남만주지역과 지리적으로 가장 가깝거나 혹은 생활환경이 비슷한 지역의 문화 현상을 알아 볼 필요가 있다.

이 장에서는 몽골지역과 한반도지역, 그리고 일본 큐수지역의 바위그림에 대한 개요를 알아보고 서로 비교해보고자 한다.

1. 몽골 동부지역과의 관계

적봉지역에서 북쪽으로 올라가면 몽골공화국 동부지역이다. 이 지역에서는 계단식 적석무덤과 돌무지무덤들이 많이 발견되었다. 또한 일부 지역에서 바위그림도 발견되었다. 그러므로 적봉지역과 몽골 동부지역을 비교해보고자 한다.

글쓴이는 최근 몽골 동부지역을 조사하면서 사람얼굴을 새긴 바위그림을 확인하였다.[85] 몽골 고고학자들은 이 그림들의 연대는 구석기시대라고 하였다.[86]

아마도 중국 동북지역의 사람 얼굴을 그린 바위그림과 가장 유사하기 때문에 이를 간단히 소개하고자 한다. 이 그림이 위치한 지역은 헹티 아이막의 짜르갈란팅 쉬레지역이다.

---

85) 복기대:『몽골동부지역 고대문화연구』, 주류성, 2016년 11월.

86) 글쓴이는 이 견해에 대하여 회의적이다. 왜냐하면 학문적인 근거보다는 감으로 의견을 제시하였기 때문이다.

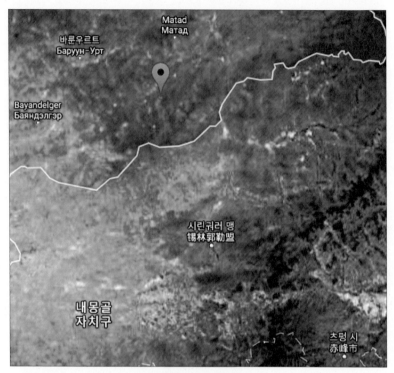

짜르갈란팅 쉬레지역

짜르 갈란팅 쉐레의 산

● 사람의 얼굴 그림

짜르갈란팅 쉬레 지역의 암각화 등에 사람의 여러 가지 특이한 얼굴 형태가 나타난다. 이 암각화들 또한 너비 1cm의 선으로 그렸다. 사람 얼굴을 묘사할 때는 가능한 사실적 형태에서 벗어나고, 눈, 코, 입 등 기관을 상상하여 얼굴의 위치를 정하고 아주 독특하게 묘사했다. 대부분의 그림은 단선과 복선으로 그려져 있으며, 몽골인들의 해골이라고 하여 피하는 모양과 유사하게 그려진 것이 흥미롭다.

짜르갈란팅 쉬레의 얼굴 그림

짜르갈란팅 쉬레 지역에 있는 한 바위에서 사람 얼굴을 하트 모양의 머리에 눈, 코, 입을 새겨 머리 라인을 따라 삼각형과 선으로 장식한 게 보인다. 이 암각화를 전체적으로 보면 기뻐하며 웃고 있는 사람의 얼굴과 유사하다. 어떤 연구자들은 '탈'이라고 부르고 있는 이런 종류의 암각화는 몽골 고비 지역에 위치하는 암각화나 중국지역에서 나타나기도 하는 것을 우리 답사 팀의 연구자들이 증명하였다. 그러나 연구대상으로 삼고 있는 이런 종류의 암각화와 비교해보면 묘사방법, 디자인, 수량, 그림의 의미 등 많은 특별한 차이가 있다는 것이 보인다.

짜르갈란팅 쉬레 지역의 암각화에서 나타나는 사람의 얼굴 모양을 다른 비슷한 종류의 암각화와 비교해 보면 신석기시대와 관련될 가능성이 높다.

● 짐승그림

　짜르갈란팅 쉬레의 암각화 중간에 소, 말, 사슴, 영양 등의 짐승 그림이
있다. 여기에 있는 모든 그림들은 너비 약 1cm 정도의 선으로 그려서 새겼
고, 대부분 묘사된 짐승들은 몸통의 가장자리를 따라 음각하였다. 짐승을
조각할 때 몸의 실제 비율을 반영하려고 노력한 것이 암각화의 몸통, 목, 머
리, 다리 등의 기관에서 뚜렷하게 보인다. 예를 들면 소는 몸집이 크고, 다
리는 짧게 말과 영양은 날씬하며 곧은 다리를 새겼다. 이것은 이 암각화에
서 어떤 짐승을 묘사했는지를 쉽게 알 수 있는 기회를 사람들에게 준다.

　짐승 그림의 다른 한 가지 특징은 대부분의 짐승 다리가 무릎 부위에서
안쪽으로 조금 구부려져 있는 것인데 이것은 짐승을 사실화하는데 중요한
영향을 미친 요소이다.

　짜르갈란팅 쉬레 지역의 암각화들에 새겨진 짐승 그림의 대다수는 소이
다. 이 소들의 머리가 동쪽을 향해 고개를 약간 숙여 아주 편안하게 걷고 있

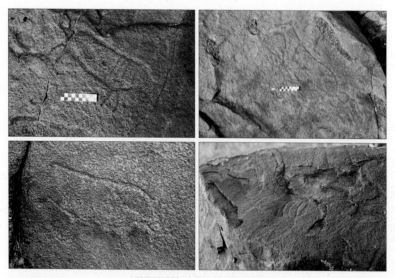

짜르갈란팅 쉬레의 짐승들 그림

거나 아주 편안하게 서 있는 모습으로 그렸다. 소의 어깨뼈 부근에서 시작하여 반달 모양의 곡선이 몸의 윗부분에서부터 뒤로 이어지는 2~4개의 곡선을 위에서부터 그려 놓았다. 곡선은 몸의 중간부분 밑으로는 그리지 않았다.

짜르갈란팅 쉬레 지역의 암각화의 또 다른 특징은 한 곳에 여러 마리의 짐승을 조각하지 않았다는 것이다. 한 짐승을 새긴 바위의 표면에 다른 그림을 새길 수 있는 빈 공간들은 충분했지만 이 지역 암각화에는 한 짐승을 여유로운 공간을 두어 그리는 식으로 기준을 두어 유지했다는 점이 흥미롭다.

우리 몽골 지역에서 발견되어 연구대상으로 삼기 시작하여 여러 암각화 중에서 짜르갈란팅 쉬레 지역의 암각화에서 묘사한 짐승그림과 유사한 암각화들이 옵스 아이막의 하드 우주르, 모쪼, 바얀-얼 아이막의 자강 살라, 바가 오이고르, 홉드 아이막의 찬드마니 하르 우주르, 이쉬겐 톨고이, 테멩 후주, 헨티 아이막의 아라샹 하드, 도른고비 아이막의 비칙팅 암 등의 지역에서 발견되었다.

● 부호무늬

짜르갈란팅 쉬레 지역의 암각화 속에 부호와 기호 형상이 중요한 위치를 차지한다. 여기에 주로 태양이 새겨져 있으며 또한 발굽, 달, 삼각형 부호도 있다. 이 부호들은 너비 1cm의 선으로 그렸으며 한군데에 2개 이상의 부호를 그려 넣었다. 어떤 경우에는 짐승이나 사람 얼굴 그림 옆에 부호가 새겨진 경우도 있다.

이 지역의 부호그림은 몽골 헨티 아이막의 아라샹 하드, 둔겐렉, 돈드고비 아이막의 머르트, 고비-알타이 아이막의 차강 골, 중국의 적봉지역 등에

부호무늬

서 발견된 여러 개의 부호 관련 유적에 있는 일반 부호와 모양이 유사하다. 그러나 모든 부호를 비슷하다고 보면 안 되는데 짜르갈란팅 쉬레 지역의 암각화에서 나타나는 부호와 기호들은 크기, 모양, 수량이 지역 색을 간직하고 있음을 언급해야 하기 때문이다. 어쨌든 이 이 부호와 기호 모양들은 중앙아시아 지역의 암각화에서 신석기시대에서 초기 철기시대까지의 기간에 그려졌기 때문에 짜르갈란팅 쉬레 지역의 부호를 이 시기와 관련시켜 해석할 수 있다.

위에서 간단하게 정리해본 몽골 동부지역의 바위그림과 적봉지역 바위그림은 연결하여 비교해보면 다음과 같이 정리할 수 있다. 사람무늬는 두 지역 모두 확인된다. 그리고 해모양은 적봉지역의 동심원과 유사성이 있을 수도 있다. 뿐만 아니라 특히 소, 말 그림들은[87] 적봉지역과 공통점이 있는 것으로 볼 수 있다. 그러므로 두 지역이 공통된 주제를 선택하여 바위그림을 새겼다고 볼 수 있다. 앞으로 몽골지역의 더 많은 바위그림들을 연구하여 적봉지역과 비교 연구를 해야 할 필요가 있다.

---

87) 글쓴이는 앞에서 말했듯이 한 나절만에 바위그림을 새기는 것을 보고 바위그림 제작에 많은 생각을하게 되었다. 특히나 몽골이라는 자연환경을 고려해볼 때 그 어느 지역보다 바위그림 제작이 필요하고 쉽다는 생각을 가졌다. 그러므로 몽골지역의 바위그림연구는 아주 조심스럽게 접근할 필요가 있다고 생각한다.

2. 한반도 및 큐수지역 바위그림과
중국지역과 관계

1) 한반도지역과의 관계

　한반도와 중국 요동지역은 정치적으로는 나뉘는 지역이지만 문화적으로는 매우 동질성이 높은 지역이다. 특히 선사시대나 청동기시대에는 요동반도 동변의 문화현상과 한반도 중북부지역은 친연관계가 느껴질 만큼 동질성이 강한 지역이다. 그 대표적인 것이 고인돌이고 미송리형 그릇들이다. 그러므로 이 두 지역의 문화현상은 같은 구역권으로 연구해볼 필요가 있다. 이 글에서는 성혈관련 바위그림으로만 한정하여 알아 비교연구해보도록 한다.

　한반도에서 바위그림이 발견된 것은 1970년대이다. 1970년대 초 고령의 양전동 암각화와[88] 울산 반구대 암각화가[89] 학계에 소개되면서 본격적

---

88) 李殷昌:「高靈 良田洞 岩刻畵 調査略報 -石器와 岩刻畵를 중심으로-」,『考古美術』112, 1971.

으로 연구되면서 지금까지 약 20여개 소에 확인되고 연구되고 있다.[90] 한 반도내에서는 다양한 형태의 바위그림들이 많이 발견되었고 앞으로도 더 많이 발견될 것으로 예상을 하고 있다. 최근 연구결과에 의하면 북한지역 에서도 고인돌에 새겨진 성혈들이 많은 것으로 확인되었다. 한반도와 만주 지역에는 성혈이[91] 새겨진 고인돌이 850여기 분포하고 있다.[92] 단 중국 요 녕성 지역에서는 지역의 고인돌에서는 성혈이 거의 발견되지 않는다.[93] 이 성혈이 새겨진 바위나 고인돌의 특징은 다음과 같이 정리될 수 있다. 이 성 혈들이 새겨진 고인돌은 탁자식 고인돌 보다는 개석식 고인돌에[94] 주로 만 들어졌다는 것이다.[95] 고인돌의 성혈은 별자리, 친족집단의 표시로 만들어 졌을 가능성도 있으나 질병치료 및 장수를 기원하는 염원에서 만들어졌을

---

89) 黃壽永·文明大:「盤龜臺-蔚州 岩壁刻畵」, 東國大博物館, 1984.

90) 한반도 지역의 바위그림에 대한 연구는 김일권, 박정근, 송화섭, 임세권 등이 자세하고 일 목요연하게 정리를 잘해 놓았다. 특히 김일권은 남북한의 별자리 관련만을 모두 모아서 정 리하여 연구자들에게 좋은 길잡이라 평가할 수 있다. 필자는 이 글에서 이미 해 놓은 연구 결과들을 많이 활용하였는데 특히 김일권교수의 연구를 많이 활용하였음을 밝혀둔다.
임세권:「한국 선사시대 암각화의 성격」, 단국대학교 박사학위 논문. 1995.
박정근:「한국의 암각화 연구 성과와 문제점」,『선사와 고대』15, 한국 고대학회.
송화섭:「한국 암각화연구의 현황과 과제」,『한국암각화 연구』창간호.
김일권:「별자리형 바위구멍에 대한 고찰」,『고문화』51, 1998.

91) 한국학계에서는 이 성혈을 '성혈'이라고 부른다.

92) 우장문:「고인돌을 만든 사람들의 사유에 관한 연구 -덮개돌의 성혈을 중심으로-」,『선사 와 고대』29.

93) 해성 석목성자 고인돌에서 확인되었는데, 그것은 이미 새긴 돌을 떼어다가 탁자식 고인돌을 만든것이기 때문에 다른 고인돌에 새긴 것으로 볼 수 없다.

94) 이는 우리가 흔히 인식하고 있는 고인돌, 즉 탁자식과 개석식 고인돌이 같은 계통인지에 대 한 분석이 필요할 것으로 본다.

95) 대련 강상 7호 무덤에 덮개돌에도 그림을 새겨 놓았다. 당시 발굴조사자들은 이 점을 주의 하지 않았는데 훗날 다시 답사를 하는 과정에서 확인되었다.
中國社會科學院考古硏究所:『雙砣子與崗上 -遼東史前文化的發見和硏究-』, 科學出版 社, 1996年.

가능성이 크다.[96]

한반도에는 지역적으로 낙동강 유역의 경상도 지역 고인돌에 가장 많이 분포하고 있다. 충남, 전북, 강화도 등의 고인돌에서는 성혈이 있는 고인돌 수가 매우 적다. 최근 전남 지역에서도 발견되었다. 50개 이상의 많은 성혈이 새겨진 고인돌은 한강, 임진강, 대동강, 낙동강 유역에 주로 분포한다. 북한지역에는 대동강 부근의 고인돌에서 집중적으로 발견되었다.[97] 이 성혈들이 만들어진 연대는 고인돌 축조 이후에 만들어진 것도 있으나 고인돌을 축조하는 과정에서 만들어진 것도 있으며, 이미 신석기시대부터 만들어진 것으로 보인다.[98] 고인돌에 새겨진 성혈들의 대표적인 예를 살펴보면 다음과 같다.[99]

① 고령지역

지금까지 한반도에서 발견된 바위그림 중 중국과 연결시킬 수 있는 곳

---

96) 우장문: 「고인돌을 만든 사람들의 사유에 관한 연구 – 덮개돌의 성혈을 중심으로 –」, 선사와 고대」29.

97) 김동일의 별자리에 대한 연구는 「별자리가 새겨진 고인돌무덤에 대하여」, 『조선고고연구』3, 1996.
「증산군 룡덕리 고인돌에 대하여」, 『조선고고연구』4, 1996.
「증산군 룡덕리 10호 고인돌무덤의 별자리에 대하여」, 『조선고고연구』3, 1997.
「대동강류역은 고대천문학의 발원지」, 『조선고고연구』1, 1999.
「고인돌무덤에 새겨져있는 별자리의 천문학적년대추정에 대하여」, 『조선고고연구』4, 1999.
「북두칠성모양으로 배열되어있는 구서리고인돌무덤 발굴보고」, 『조선고고연구』3, 2005.
「고인돌무덤의 별자리-석각천문도」, 『남북학자들이 함께 쓴 단군과 고조선 연구』, 단군학회 엮음, 2005.
『조선기술발전사』4, 과학백과사전종합출판사, 1996 등이 있다.

98) 이융조: 「양평 앙덕리 고인돌 문화」, 『韓國史研究』11, 한국사연구회, 1975.

99) 한반도 바위그림은 성혈뿐만 아니라 여러 형태가 존재하는 것으로 알려졌다. 이 글에서는 한국의 다양한 바위그림 보다는 남만주지역과 연결시켜 이해를 하고자 하므로 제한적인 소개를 하고자 한다.

의 바위그림은 경남 고령지역에서 발견된 것으로 양전동 암각화, 안화리 암각화, 지산리 30호분 암각화 등이 대표적이다. 이곳에서는 매우 다양한 바위그림들이 발견되었는데 그 형태로 보아 당시 사람들의 추구하는 것이 매우 다양한 것이었다는 것을 알 수 있었다.[100] 고령의 암각화를 새긴 바위들은 평평한 바위를 많이 선택하였고 간혹 입체 바위벽에 새긴 것이 기본적이다.[101] 같은 바위에 여러 개의 그림이 새겨져 있는데, 이들은 대개 시대가 다른 것을 볼 수 있었다.

이들 암각화 중에서 고령에서 발견되는 암각화 중에 가장 특징적인 것이 '동심원'과 '신면형'이라고 불리는 것이다. 동심원의 특징은 가운데 성혈을 중심으로 나이테처럼 3중으로 원을 돌려놓은 것이다.

신면형은 기본형은 장방형이 기본이고, 그 내부를 2~3단으로 구분하고 그 안에 지름 2~3cm의 성혈을 새긴 것이다.[102] 이 형은 동심원을 기본으로

---

100) 고령에서 발견된 바위그림은 직선거리로 그곳에서 멀지 않은 울주 반구대의 바위그림과는 그 내용이 전혀 다르다. 이런 현상은 왜 일어났는지, 아니면 시대적인 차이가 있었는지 연구를 해봐야 할 것이다.

101) 이 성혈들이 새겨진 바위들을 보면 장방형이나 혹은 각형보다는 대부분 둥근 형태에 가까운 바위들에 많이 새긴 것을 볼 수 있다. 혹시 이런 형태의 바위들은 움츠린 거북이 모양을 하고 있는 것이 아닐까 하는 추측도 해본다. 이들은 대부분 산에 위치를 하고 있는데 이 산들이 하천에서 그리 멀지 않은 곳에 위치하고 있다는 것이다.

하고 좌우에 작은 무더기를 구성하고 있는 것이다. 이들이 무엇을 표현하였는지 아직 정확하게 알 수는 없다. 하늘의 별자리를 새긴 것인지, 아니면 많은 자손들을 두기 위한 축원으로 여자의 성기를 그린 것인지, 또는 내세를 위한 것인지 등에 대한 의미를 아직 파악되지 않고 있다.

② 경기도 양주 금남리 5호 고인돌의 바위구멍

이 유적은 팔당댐 수몰지구 조사 과정에서 확인된 것이다.[103] 이 인돌은 금남리의 검터 유원지에서 상류에 있는 새터 유원지까지의 약 550m 거리에 걸

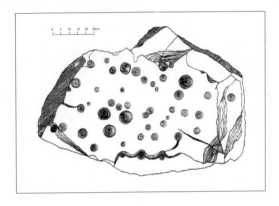

칠 北岸일대에 24기가 발견되었으며, 그 중 새터쪽에 가까운 6기 고인돌에서 cup-mark가 확인된다고 하였다. 대개 10~30개 정도의 성혈이 있으나, 새터 끝쪽의 5호 고인돌에는 가장 많은 52개의 구멍이 파여져 있다고 보고하였다. 홈구멍 중 가장 큰 것이 지름 8.5cm, 6.5cm로 7개이며, 나머지는 대략 지름 4cm, 깊이 3cm 정도 된다고 한다.

---

102) 신종환·정동락·손정미: 『고령의 암각유적』, 대가야박물관, 2008.

103) 황용훈: 「양주 금남리 지석묘 조사보고」, 『경희사학』 3집, 1972.
　　　　글쓴이는 이 글에서 정리한 몇 지역의 조사내용은 김일권교수의 다음 논문에서 잘 정리가 되어있어 재인용함을 밝혀둔다. 김일권: 「별자리형 바위구멍에 대한 고찰」, 『고문화』, 51, 1998.

③ 경기도 강화군 화도면 흥왕리 지역의 바위구멍

이 유적은 경기도 강화군 화도면 흥왕리 지역에 위치하고 있다. 흥왕리는 북으로 마니산(469.4m) 산줄기로 둘러싸이고, 남으로 강화만을 바라보는 곳에 위치한다. 그 마을의 가운데를 흐르는 개울가 위쪽의 바위들에서 종지, 잔, 바리, 달걀, 접시, 젖퉁이, 국자, 주전자 등 여러 가지 형태로 파여진 바위구멍이 발견되었다.

강화 화도면 흥왕리 성혈바위

구멍이 조사된 바위는 모두 25기인데, 그중 1호, 25호로 이름 붙여진 암반은 다른 바위보다 구멍이 많이 파여져 있던 것이다.

1호 바위는 80개 정도의 구멍이 있는데, 큰 구멍은 지름 11.5~14.5cm, 깊이 3.5~5cm 정도이고 작은 구멍은 지름 1~9.5cm, 깊이 0.4~3cm의 두 가지로 분류된다. 2호 바위에는 70개 정도의 구멍이 있으며, 큰 구멍은 지름 13~15cm, 깊이 6~8.5cm로 네다섯개와 크기가 중간 정도 지름 10cm, 깊이 5.2cm인 구멍이 한 개, 나머지는 대략 작은 구멍 지름 0.5~8cm, 깊이 0.3~3.5cm으로 분류된다. 이 중 몇 구멍들은 홈 길로 된 연결선이 있기도 한다. 그런데 조사 당시 마을 사람들의 이야기를 채록하는 과정에서 25호 바위의 구멍 중 일부와 연결선은 3.1항쟁 이전 대일항쟁기에 서당 공부하던 아이들이 놀면서 판 것이라 하며, 다만 1호 바위는 자기들 이전의 것

이라 하였다고 한다.[104)]

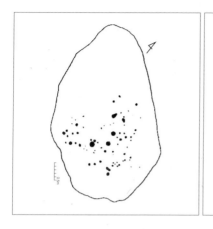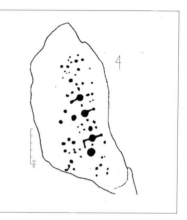

④ 양평 앙덕리 고인돌

이 고인돌은 경기도 양평군 개군면 앙덕리에 위치했었는데, 1970년과[105)] 1997~1998년에 걸쳐 10여기에 대하여 발굴조사가 이루어졌다.[106)] 이 조사에서 확인된 것 중 1970년에 발굴조사가 이루어진 'ㄷ21호 고인돌'은 덮개돌의 형태가 거북모양으로 되어 있다. 덮개돌의 크기는 220×170× 30~50cm이고 방향은 남북이다. 덮개돌과 지하구조는 둘레를 자갈로 쌓았고, 바닥에는 돌을 깔지 않았으며, 형태는 일반적으로 바둑판식이라고 불리는 것이다. 또한, 덮개돌에는 67개의 성혈이 있다. 특히 뗀석기와 조금 마모된 간석기가 출토되어 신석기 시대 중기의 유적으로 보고 있다. 이 고인돌은 거북모양을 하고 있어 다산·장수와 연결 짓고 있다.

---

104) 이필영·한창균: 「바위구멍의 해석에 관한 시론」 『사학지』21, 단국대학교 사학회, 1987.

105) 손보기·이융조: 『팔당·소양댐 수몰지구 유적 발굴 종합조사 보고』, 1974.
　　　이융조: 『한국의 선사문화-그 분석연구』, 탐구당, 1981.

106) 단국대학교 중앙박물관: 『양평 앙덕리 유적』, 1998.

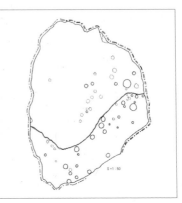

양덕리 고인돌

⑤ 함안 동촌리 고인돌

이 고인돌은 경남 함안군 군북면 동촌리에 위치하고 있다. 모두 27기의
고인돌이 있는데 함안 지역 안에서는 제일 많은 고인돌이 분포한다. 동촌리
의 고인돌 중 현재 원위치에 있는 것은 16기, 이전된 것이 10기, 매몰된 것
이 1기로 대체로 보존 상태가 양호한 편이다.

이 중 26호 고인돌은 덮개돌이 150×123×77cm 인 개석식 고인돌인데,
398개의 성혈이 새겨져 있다. 지금까지 조사된 고인돌 중 가장 많은 성혈
이 새겨진 고인돌이다. 이외에도 동촌리 7호고인돌에 65개의 성혈이 만들
어지는 등 이곳 고인돌 10기에 성혈이 있다.

함안 동촌리 성혈 고인돌

⑥ 이천 남정리 고인돌[107]

이 유적은 경기도 이천시 신둔면 남정2리 산13−19에 고인돌 덮개돌로 추정되는 편마암 4기가 있다. 이곳을 기준으로 남동쪽으로 130m 거리에 '종지바위'라고 부르는 고인돌 1기가 있다. 이 고인돌이 자리한 곳의 지세는 얕은 구릉이 끝나는 지점으로 주위가 한 눈에 바라보이는 곳이다. 덮개돌은 긴 타원형으로 300×225×80cm이다. 암질은 화강암질 편마암이며 긴 방향은 남북쪽이다. 덮개돌 위에는 지름 3~6cm 크기의 성혈이 135개나 새겨져 있다. 성혈은 먼저 쪼은 다음 갈아서 만든 것으로 보이며 일부는 성혈끼리 서로 연결 된 것도 있다. 이런 연결점은 고령 바위그림들과 비슷한 부분들로 볼 수 있다.

이천 남정리 고인돌

⑦ 증산군 룡덕리 고인돌 별그림

이 유적은 평양에서 서북쪽 약 44km되는 곳인 평남 증산군 용덕리의 외새산에 있는 여러 고인돌 중하나에 성혈이 새겨진 고인돌이다. 이 고인돌 덮개돌에 문자 비슷한 곡선들과 점들이 새겨졌는데, 이 고인돌은 글자를 전하는 돌이라는 뜻에서 「전자석」이라고 불려왔다고 한다. 이 덮개돌 겉면에

---

107) 최정필·하문식 외: 『이천지역 고인돌 연구』, 세종대학교박물관, 2000.

는 모두 80여개의 성혈들이 새겨져 있는데, 성혈의 지름은 11.5, 10.5, 9, 7.4, 6.6, 5.7, 4.9, 3.3, 2.5cm로 다양하다. 이 성혈들의 크기와 배치 관계 등을 고려하여 별자리에 대입해보면 B.C. 2900년 시기의 용별자리, 큰곰자리, 사냥개자리, 머리카락자리, 목동자리, 북쪽갓자리, 헤라클레스자리, 삵별자리, 기린자리, 작은곰자리, 케페우스자리 등 11개 별자리를 찾을 수 있다고 한다.

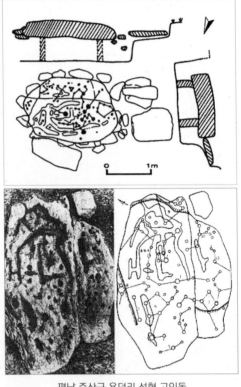

평남 증산군 용덕리 성혈 고인돌

⑧ 충북 청원 아득이 고인돌 덮개돌의 바위구멍

이 유적은 충북 청원군 문의면 가호리 224번지 아득이 마을에서 조사되었는데 아득이 1호 고인돌의 덮개돌에 무려 246개의 성혈이 확인되었다.[108]

---

108) 이융조: 「청원 아득이 유적의 선사무덤문화」, 『한국의 선사문화 : 그 분석 연구』, 탐구당, 1981.

구멍의 크기로 분류하면, 자름 13~17cm의 아주 큰 구멍 2개, 지름이 8~10cm 큰 구멍 5개, 지름이 6~7cm 중간 구멍24개, 지름이 3~5cm 작은 구멍 197개, 지름이 2cm의 아주 작은 구멍이 49개의 5가지로 구분된다고 한다. 또한 이곳의 구멍 만드는 수법은 갈기, 쪼으기의 2가지 방법

이다. 구멍 크기 분류, 집중도 등이 양평 앙덕리 고인돌의 것과 같은 결과를 보인다고 한다. 덧붙여 구멍의 숫자가 앙덕리의 것보다 매우 많으므로 아득이 고인돌의 피장자는 커다란 집단의 후손을 둔 것으로 해석하였다.

청원 아득이 고인돌 성혈

이외에도 경기도 양평군 양수리에서도 윤곽이 뚜렷한 성혈이 발견되었고, 전남 해남 연정리에서도 뚜렷한 성혈이 새겨진 고인돌이 발견되기도 하였다.

이런 예로 보아 한반도에서도 성혈이 새겨진 바위들이나 혹은 고인돌이 발견될 가능성이 매우 높다고 봐야 한다.

양평군 양수리 성혈바위   해남 연정리 성혈 고인돌

　위에서 한반도지역의 성혈관련 유적들 중 일부를 간단하게 소개하여 보았다. 이 과정에서 알 수 있는 것은 중국 요동반도와 한반도지역의 고인돌은 연관성이 있으면서도 동시에 지역적 특징을 보유한 것으로 볼 수 있었다. 다음과 같이 특징을 근거로 할 수 있겠다. 관련성이다.

　첫째, 그림들의 대부분이 바위 등쪽에 새긴 것들이 보편적이다.

　둘째, 홈을 파는 양식이 비슷하다.

　이런 부분은 기술적인 부분이기 때문에 두 지역 모두 공통적인 특징으로 볼 수 있다. 다른 점이다.

　첫째, 한반도지역에서는 개석식 고인돌이 많이 새겨져 있다. 그러나 요동지역에서는 개석식 고인돌에서는 확인되지 않았다.

　둘째, 성혈의 홈을 배열하는데 요동반도지역은 큰 홈을 중심으로 둥글게 작은 홈을 파서 두르는 '매화형'이 기본형이다.

　이에 비하여 한반도지역에서 발견되는 것은 그런 형들이 발견되지 않고 작은 줄기 홈으로 이어지는 것을 볼 수 있다. 이런 형태는 두 지역이 기술적인 부분은 같이 생각할 수 있으나 생각하는 것은 다른 것을 알 수 있다.

　여기서 한 가지 주의를 해야 할 것은 요동반도지역의 바위그림 연구가 아직 걸음마 단계라는 것이다. 즉 현재 요동지역의 조사는 말 그대로 지표 조사 정도의 결과이다. 예를 들면 지금까지 조사된 것 중 어느 하나도 그 하부 구조에 대한 조사를 진행하지 않았다는 것이다.

그러므로 그 바위가 순수한 바위인지 아니면 바둑판식 고인돌이라든지, 혹은 개석식 고인돌이라든지를 알 수 없는 상황들이다. 더구나 이미 바위그림이 발견된 곳 중 네 군데는 고인돌과 관련있는 것이 확인되었다. 그러므로 이런 것들이 먼저 연구되고 한반도지역과 비교연구를 해야 할 것으로 본다. 그러나 전체적으로 볼 때 한반도지역에서 발견되는 성혈그림은 요동지역과 관련이 있을 것으로 판단된다.

2) 일본 큐슈지역의 바위그림과 관련

일본에서 바위그림이 발견된 것은 많지 않는데, 주로 고인돌의 덮개돌에서 발견되었다. 새겨진 것을 보면 주로 성혈과 기하무늬이다. 이런 현상은 한반도에서 발견된 것과 큰 차이는 없다. 간단하게 소개해보면 다음과 같다.

● 이토시마시(糸島市) 이타요우에(井田用會) 고인돌과 바위그림

이 고인돌은 이토시마(糸島)시의 동부 이토(怡土)평야의 중심부로 세후리산(脊振山)으로부터 북쪽으로 흘러가는 즈이바이지(瑞梅寺) 강과 그곳에 합류하는 가와하라천(川原川)으로 형성된 약간 높은 충적지의 최북단의 삼각지대에 위치하고 있다. 남쪽에는 거의 500m의 간격으로 이타오고모리(井田禦子守) 고인돌, 미쿠모(三雲), 가가이시(加賀石) 고인돌이 있고, 미쿠모(三雲), 미나미코지(南小路) 유적과 이어지고 있다.

이 고인돌의 덮개돌은 1940(昭和15)년, 신사합사(神社合祀) 기념에 오고모리진쟈(禦子守神社), 이타산쟈신사(井田三社神社)에 옮겨져 경내에 보존되고 있다. 특징을 보면 덮개돌의 크기는 길이 3.35m, 폭3.02m, 두께 0.37m 정도의 표면이 평활한 능형의 화강암으로 고인돌의 덮개돌로는 가장 크다. 남아 있는 사진에서 덮개돌의 하부에 고임돌이「ㄱ」자형으로 배치된 듯하다. 무덤방에서 벽옥제 관옥 22점(대형 8점, 소형14점)이 발견되어 현재 근처의 이토국(伊都國)역사박물관에 보관되고 있다. 고인돌 시기는 유물 등에 의해 야요이 전기로 보고 있다. 한편 고인돌 근처에서 발견된 석관묘에서 유엽형(柳葉形)유경마제석촉(길이 10.75cm)이 1점 출토되었다.[109]

109) 柳田康雄「井田用會支石墓」(『福岡縣百科事典』西日本新聞社, 1982)
      太田 新 編, 『日本支石墓の硏究』, 海鳥社, 2014.

● 이토시마(糸島)시 이타(井田) 아자오고모리(字禦子守) 고인돌

이 고인돌은 미쿠모(三雲) 유적의 북방, 이다(井田) 촌락 내에 있는 오고모리(字禦子守神社) 신사 경내의 왼편 나무그늘에 고인돌의 덮개돌로 보이는 거석이 놓여있다. 크기는 한 변이 1.7m, 다른 한 변이 1.75m, 두께 0.65m의 부정형의 화강암이다. 이 대석은 이곳에서 동쪽 약 300m의 도로 옆 덤불 속에 있었다고 전해지고 있지만, 그 위치에서 유구는 확인되지 않고 있다. 또, 가까운 마을 경계의 논에서 운반되었다고도 전해지고 있지만 원위치도 알려지지 않고 일체 명확하지 않다고 한다.[110]

이외도 엄도 신사에서도 별자리를 새긴 바위 그림이 발견되었다.

---

110) 福岡縣糸島郡教育會編·刊, 『糸島郡誌』, 1927.
    八幡一郎 「北九州ドルメン見聞記」,(『考古學雜誌』第38卷 4 號, 日本考古學會, 1949年)
    太田 新 編, 『日本支石墓の研究』, 海鳥社, 2014.

일본 큐슈지역에서 발견되는 바위그림은 기본적으로 한반도지역과 비슷한 양상이다. 그러자 중요한 것은 일본 바위그림들은 연대추정이 가능하다는 것이다. 그 근거는 이타요우에 고인돌의 무덤방에서 22점의 관옥이 확인되었고, 그 근처에서 발견된 석관묘에서 유엽형 슴베가 있는 돌 화살촉 한 점이 출토되었다고 한다.

이 유물들 중 관옥의 연대를 볼 때 연대는 기원전 5세기 전후로 볼 수 있을 것이다. 일본학계에서 역시 야요이문화 전기문화로 보고 있다. 여기서 하나 주의할 것은 이 큐슈에서 발견된 고인돌은 동북아시아 고인돌은 후기의 것으로 큐슈 고인돌의 연대는 하한선으로 봐야 할 것이다. 이런 것들을 종합해볼 때 동북아시아 개석식 고인돌의 바위그림 연대의 하한선은 기원전 5세기 경으로 추정해도 무리가 없을 것이다. 그리고 이 고인돌과 바위그림을 통하여 고대 다양한 형태의 교류를 했다는 것도 확인이 가능한 중요한 근거자료가 될 것이다.

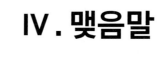

IV. 맺음말

글쓴이는 앞에서 남만주지역의 바위그림에 대한 소개와 그리고 그 주변지역과 비교를 진행해가면서 간단한 의견을 제시하였다. 이러는 과정에서 몇몇 새로운 사실을 알게 되었는데 이 사실들을 중심으로 이 글을 정리하고자 한다.

글쓴이는 서론에서도 말했듯이 바위그림은 이 그림들을 제작할 당시 사람들이 재미삼아 한 것보다는 필요에 의해서 만든 것이 훨씬 많다고 느꼈다. 그 이유는 바위그림은 여간해서 훼손되지 않는다. 그러므로 무슨 목적을 가지고 새겼으면 누가 일부러 부수지 않는 한 거의 영구적으로 보존이 되는 것이다. 그렇기 때문에 문자가 없었던 시대에는 기록용과 교육용으로는 더할 나위 없이 좋은 방법 중에 하나이다. 이런 전통은 훗날 여러 형태로 남겨지게 되는데 그 대표적인 것이 비석이나 종교시설물일 것이다.

이런 표식들은 어느 지역이나 다 있을 것인데, 우리가 알고 있는 것 중에 하나가 바로 황하유역의 기록문화를 대표로 하는 하도낙서도 그 중에 하나일 것이다. 그 지역은 주로 진흙이 발전한 지역으로 진흙판을 활용하여 기록을 하였을 것이고, 이것들의 약점을 보완하여 갑골문으로, 금문으로 가지 않았을까 추측을 해본다. 그러나 남만주지역은 그럴 진흙층들이 발달하지 않아 아주 오랫동안 기록을 보존할 수 있는 바위그림을 택하지 않았을까 한다.

그 가능성은 동심원, 소용돌이무늬, 그리고 성혈은 분명하게 의사표시였다. 삼좌점 석성 정문의 소용돌이 무늬석, 요동지역에서 주로 발견되는 연꽃형의 성혈들은 분명하게 의사를 포함하고 있다는 것이다. 그렇다면 바로 황하유역에서 '하도낙서'라면 남만주지역에는 '암도낙서'가 있는 것이다.

이런 점에서 남만주지역의 바위그림은 이해가 되어야 할 것으로 본다. 즉 바위그림은 홀로 단순하게 존재하는 것이 아니라 어느 문화인들이 그들의 생각을 써놓은 것이다.

연구자들도 이런 측면에서 바위그림을 대해야 할 것이다. 그러나 아직 그런 단계에 까지는 이르지 못하였다. 특히 중국학계의 연구수준은 아직 기초조사를 하는 수준이라는 것이다. 그렇기 때문에 전체적인 동북아시아 지역고대문화를 연구하는데 큰 차질을 빚고 있는 상황이다. 물론 이런 현재의 상황은 연구 초기단계에서 늘 겪는 과정이기 때문에 앞으로 충분히 극복이 될 것으로 본다.

이런 전체적인 바위그림 연구상황에서 이 글을 정리해가면서 느낀 몇 가지를 정리해보면 다음과 같다.

1. 바위그림의 기원에 대하여

바위에 둥근 홈을 파는 것은 최근까지만 하여도 한반도에서 가장 많이 발견되는 것으로 보아 이 지역의 고유한 것으로 보는 견해가 지배적이었다. 그러나 최근 중국 요녕성 안산시에서 대거로 발견되었고, 더 서쪽으로 가서 요녕성 금주시 의무려산 남록에서도 발견되었으며, 더 서쪽으로는 내몽고 적봉시 오한기 성자산성에서도 발견되었고, 더 서쪽으로 가서는 내몽고 적봉시 초두랑진 삼좌점 석성에서도 발견되었다. 다만 발견되는 양으로 볼 때는 아주 희소하게 발견된다. 이런 일련의 발견지점을 보아 어느 한 곳에서 발견되는 특수한 표현은 아닌 것으로 볼 수 있다. 다만 동쪽과 서쪽의 발견비율을 볼 때 동쪽 요녕성 안산시 지역과 한반도지역이 월등히 많은 것을 볼 수 있고, 이 두 지역 중 더 많은 분포량을 보일 수 있는 가능성은 요녕성 요동반도지역이 높다고 볼 수 있다.[111] 그리고 연대도 가장높이 올라가는 것이 안산시 해성 고수석 고인돌인 것으로 보아 이곳 어디에서 기원한 것이 아닌가 추측을 해본다. 그 후 서쪽보다는 동쪽으로 전파되어 한반도와 일본 열도로 전파된 것으로 볼 수 있다. 물론 서쪽으로도 전파되어 내몽고 적봉시 삼좌점까지 이른 것이 아닌가 추측해본다.

반대로 사람얼굴이나 짐승들이 나타나는 것은 요동지역보다 내몽고 적봉지역이 빠른 것을 볼 수 있다. 왜냐하면 요동지역도 한반도지역에서는 거의 발견되지 않는 그림들이다.[112] 이런 것들을 볼 때 가장 많이 발견되는 지역에서 기원하여 점점 다른 지역으로 옮겨가는 것으로 보는 것이 가장 타당하다고 볼 때 성혈형태는 요동지역, 사람얼굴이나 짐승들은 적봉지역에서 기원하여 발전하는 것으로 보는 것이 타당하다고 본다.

내몽고 적봉시 극십극등기 백차하유역의 각로영자촌에서는 다양한 바위그림이 발견되었다. 이 그림들 중 어느 그림은 바위벽 높은 곳에 어느 그림은 바위벽 낮은 곳에서 확인할 수 있다. 높은 곳은 지금도 높은 사다리를 놓고 올라가야 할 정도의 높이였다. 그렇다면 이 그림들은 사다리를 놓고 올라가서 새겼을까 하는 의문이 들었다. 상식적으로 봤을 때 그렇지는 않았을 것이라는 생각이 들었다. 그렇다면 이 그림들의 연대는 다 다를 가능성이 높다. 글쓴이가 현장 답사를 해본 결과 그 지역은 옛날에 하천이 흐르던 곳이었는데 지금은 흐르지 않는 지역이었다. 그러나 비가 많이 오면 급한 물을 받기위한 자연적인 하천이 생기기도 하는 곳이었다. 그렇다면 다음과 같은 추측이 가능하다. 그것은 이 바위그림의 연대는 가장 높은 곳이 빠르고

---

111) 이런 가능성은 현재 중국학계에서 발견된 것은 요녕성 안산시에서만 발견된 것인데 앞으로 다른 지역을 조사해보면 더 많은 발견이 있을 가능성이 높다.

112) 요동지역에서 사람을 얼굴을 새긴 것이 있는데, 바위에다 새긴 것이 아니고 작은 돌판 위에 새긴 것이 있는데 이 유물은 요녕성 요양시 박물관에 전시되어 있다.

가장 늦은 곳의 연대가 늦은 것이다. 즉 원래는 가장 높은 곳에까지 쌓여있던 흙들이 홍수가 날 때마다 깎여 내려가서 지금의 높이로 내려앉은 것으로 볼 수 있다. 그렇다면 고기후를 분석해보면 언제 비가 많이 왔는지를 알 수 있으면 그림이 그려진 연대도 어느 정도는 추측이 가장하지 않을까 하는 생각이다.

2. 그림의 소재에 대한 분석

1) 사슴그림

바위그림에서 가장 많이 등장하는 짐승 중에 하나가 사슴이다. 사슴 한 마리로 등장도 하지만 군집을 이루며 등장하는 것도 있다. 그렇다면 이 사슴들은 무엇을 의미하는 것일까 하는 것이다. 만약 당시 사슴들이 등장하는 것을 보면 사슴들의 생육조건을 봐야 할 것이다. 그 이유는 현재 내몽골 초원이나 몽골에도 사슴은 거의 보이지 않는다. 이런 현상을 무엇을 말하는 것일까 하는 것이다. 현재의 기후환경으로 사슴이 생장하기 어려운 상태로 없어진 것인지, 아니면 다른 이유가 있는 것인지 확인이 필요하다. 만약 다른 이유라면 사람들이 사슴을 사냥해서 멸종이 되었거나 혹은 다른 짐승들에게 잡혀 먹혀 사라졌던지 해야 하는 것이다. 후자의 경우라면 몇 가지 해결해야 문제들이 발생한다. 사슴은 번식력이 매우 약한 짐승이다. 사슴의 임신기간은 약 230일 정도이고, 새끼는 1~2마리 낳는다. 뿐만 아니라 생존

백차하 유역의 사슴그림

짐승무리 (사슴들이 많다.)

능력도 여타의 짐승에 비하여 약한 짐승이다. 이런 짐승이 늘 사람들의 사
냥 대상이었다면 또는 짐승들의 먹잇감으로 남게 된다면 그 개체 수는 절대
로 오래가지 못하고 멸종되었을 것이다. 그러나 그림을 보면 매우 오랜 기
간 생존해 있는 것을 볼 수 있다.

그러므로 글쓴이가 볼 때 당시 사슴이 생존할 수 있는 자연조건이었다가
언제 부터인지 사슴들과 맞지 않는 자연조건이 형성되면서 사라지지 않았
을까 하는 추측이 된다. 왜냐하면 사슴은 풀을 매우 많이 먹는 짐승이다. 그
러므로 날은 춥더라도 강수량이 적으면 생존이 가능하지 않는 짐승이기 때
문이다.[113] 그러므로 사슴들이 등장하는 것은 당시 자연조건이 사람들이
생활하기에도 좋은 조건이었을 것이다. 이런 자연환경을 고려해본다면 아
마도 홍산문화 후기나 하가점하층문화 전기가 아닐까 한다. 그리고 하나

---

113) 사슴은 앞이 탁 트인 혼효림과 낙엽수림, 호숫가 등지에 서식한다. 아침·저녁으로 풀과 지
의류, 나무의 싹 등을 주로 먹고, 낮에는 전망이 좋은 곳에서 휴식한다. 위험에 처하면 궁
둥이의 흰색 털을 세워 다른 수컷에게 신호를 보내 경고한다. 임신기간은 6~7개월로, 늦은
봄에 한배에 1~2마리의 새끼를 낳는다. 어린 사슴은 생후 1년간 어미와 같이 생활한 후 독
립한다. 이런 특징을 볼 때 사슴은 자연조건이 물이 충분한 곳에서 사는 짐승이라는 것을
알 수 있다. 그러므로 사슴이 나타나는 시기는 바로 자연조건이 좋은 시기로 봐야 한다.. 고
대기후를 연구할 때 화분을 많이 이용하곤 하는데 간혹 이런 바위그림에 그려져 있는 짐승
들을 참고하여 연구를 하여도 연구에 많은 보탬이 될 것이다.

주의를 할 것은 사슴이라고 판단된 많은 것 중에 뿔의 모양을 보면 사슴보다는 순록일 가능성이 높다는 것이다. 이점은 앞으로 더 연구가 되어야 할 것이다.

2) 거북바위의 의미

중국 안산지역에서 발견되는 성혈이 새겨진 바위들은 대부분 거북이처럼 생긴 바위라고 한다. 한반도에서 발견된 성혈들 중 적지 않은 것들이 역시 물과 가까운 야트막한 산에 자리한 바위나 혹은 개석식 고인돌에서 주로 발견되었다. 일본에서도 역시 이 성혈은 발견되었는데 역시 고인돌에 새겨진 것이다. 이런 현상에 대하여 어떤 학자들은 별자리와 관련이 있다고 하고, 또 어떤 학자들은 다산과 관련이 있다고 한다. 또 어떤 견해는 장수라는 견해에 방점을 두기도 한다.[114] 그런데 이들 설명 중 전자의 설명은 둘 다 가능하다는 것이다. 해성 고수석은 천문현상을 기록한 것이라는 견해가 이미 발표되었고,[115] 북한에서도 이와 같은 견해가 발표되기도 하였다.

그런데 이 성혈들을 천문과 관련을 둘려야만 반드시 천문현상이 나타나야 하는데 그렇지 않은 것들이 매우 많다는 것이다. 더구나 대부분의 것들은 천문을 관측하기에 곤란한 자리에 위치하고 있다는 것이다. 이런 것들은 어떻게 해석을 해야 할 것인가 하는 것이다. 이 바위그림들 중 일부 예를 들면 석목성자 고수석촌 2지점 같은 경우는 천문관측으로 볼 수 있고, 나머지

---

114) 거북이를 장수와 연결시키는 것은 근대적 관념일 것이다. 그런 거북이를 아주 먼 고대부터 장수라는 것을 알았다고 해석하는 것은 무리가 있지 않나 하는 생각이다.

115) 양홍진·복기대: 「중국 해성(海城) 고인돌과 주변 바위그림에 대한 고고천문학적 소고(小考)」, 『東아시아 古代學』29, 東아시아 古代學會, 2012년 12월.

는 천문으로 보는 것은 무리가 있을 수 있다는 것이다. 물론 질서 없이 새긴 것들을 별로 본다면 역시 천문으로 볼 수 있다고 할 수 있겠다. 그러나 여기서 말하는 천문이라는 것은 규칙이 있는 것을 말한다. 그렇지 않은 것은 어떻게 해석해야 할 것인가 하는 것이다. 이는 아마도 다산과 깊은 관련이 있을 것으로 본다. 특히 상징적으로 거북모습의 바위에 새긴 성혈은 어쩌면 여자의 생식기를 표현했을 가능성이 매우 높다고 봐야 할 것이다. 예로부터 거북이는 바다거북이든 산 거북이든 간에 사람이 접할 수 있는 짐승 중에 가장 많은 알을 낳는 것 중에 하나이다. 당시 사람들은 이런 것을 관찰해보고 그들 역시 다산을 기원하기 위한 것이 아닌가 한다. 글쓴이가 생각하는 거북의 다산은 사람들의 다산과는 다른 의미라 본다. 그 이유는 거북이 아무리 많은 다산을 한다하더라도 사람의 숫자는 늘어나지 않는다. 그러므로 거북바위에 새겨진 성혈을 다산과 연결시키는 것은 다른 각도의 해석과도 관련도 봐야 하는 것이다.[116] 그러면서 또 다른 의미하나는 개석식 고인돌에 새긴 것 들이다. 이것들은 천문과 다산과 연결시키기에는 어려움이 많다. 그렇다면 별도의 해석이 필요하지 않을까 한다. 그 가능성이 있는 것은 당시 내세와 현세를 이어주는 하나의 방법으로 표현하는 것이 아닌가 한다. 그리고 혹시 성혈을 파놓으면 그것을 통하여 죽인사람의 신분을 표시하기 위한 방법 중 하나가 아니었을까 하는 것이다. 앞으로 더 연구를 해봐야 할 것이다.

---

116) 아마도 거북이는 알을 많이 낳는 짐승이기 때문에 사람들의 먹거리를 확보하는데 큰 도움이 되지 않았을까 하는 것이다.

117) 이필영·한창균: 「바위구멍의 해석에 관한·시론」 『사학지』21, 단국대학교 사학회, 1987.

3) 성혈의 연대에 관하여

요동지역이나 한반도지역에서 발견되는 성혈 중에 하나가 고인돌과 관련이 많다는 것이다. 그러므로 이 성혈들의 연대를 알기위해서는 이 고인돌의 연대를 추정해보면 가능할 것이다. 이 고인돌에서 많이 출토되는 유물 중에 하나가 비파형동검과 여러 꼭지 잔줄무늬 거울이다. 이런 기물들의 연대는 아무리 많이 올라가도 기원전 12세기 이전까지는 올라가지 않는다. 그렇다면 이 성혈들의 연대도 거기에 맞춰져야 할 것인가 하는 것이다. 만약 그렇다면 한반도에서 발견된 성혈들의 연대는 아무리 빠른 연대라 하더라도 연대는 기원전 12세기경으로 올라가기는 어렵다. 그런데 여기서 하나의 문제가 되는 것이 그렇다면 전체 성혈들의 연대는 기원전 12세기경으로 한정해야 하는 것인가 하는 것이다. 아마도 그렇지는 않을 것이다. 해성 고수석 2지점은 기원전 3000년경으로 추정되었고, 내몽고 적봉시 삼좌점 석성의 성혈들의 연대는 역시 기원전 15세기 이전으로 추정이 가능하기 때문에 모든 성혈들의 연대를 한 시기로 넣는 편입하는 것은 옳지 않다는 것이 글쓴이의 견해이다.

앞에서도 말했듯이 바위그림을 만드는 것이 그렇게 어려운 일은 아니다. 쪼을수 있는 공구와 바위, 그리고 그림을 그릴 줄 알면 얼마든지 만들 수 있다. 글쓴이 역시 직접 경험해본 일이다.

국내에서도 경기도 강화군 화도면 흥왕리 지역의 바위구멍 조사 당시 마을 사람들의 이야기를 채록하는 과정에서 25호 바위의 구멍 중 일부와 연결선은 3.1운동 이전 대일항쟁기에 서당 공부하던 아이들이 놀면서 판 것이라 하며, 다만 1호 바위는 자기들 이전의 것이라 하였다고 한다.[117] 이 같은 전승담은 바위구멍 연구의 어려움을 시사하는 대목이다. 사실 전국에 산

재해 있는 바위구멍이 어느 시기 누구에 의해 제작되었는지를 가늠하는 것은 매우 어려운 작업이다. 바위에 구멍을 새기는 작업은 지금도 누군가에 의해 진행될 수도 있고, 기존에 파 놓은 것을 변형시킬 수도 있기 때문이다. 특히 바위구멍을 통하여 고대인들의 별자리 관념을 알아보려는 입장에서는 더욱 그러하다. 그래서 별자리 바위구멍에 대한 연구를 위해서는 더욱 신중한 자세가 요구되며, 여러 자료들의 비교 검토라든지 기준적인 작업의 시도 등이 선결 과제라 하겠다.

3. 바위 위에 기록은 끊이지 않을 것이다

앞서 말한바와 같이 바위그림은 지워지지 않은 반영구성으로 만들기가 어렵지 만들면 계속하여 보존이 가능한 것이다. 그렇기 때문에 이런 바위그림은 그림으로든지 아니면 더 발달하여 조각상으로 계속하여 보존되어 왔다. 이런 발전과정 중에 하나가 마애석불이고, 돌판에 글을 새긴 비석일 것이다. 특히 마애상은 꼭 불교의 부처상만 있는 것은 아니다. 부처상도 있고,

북진 신립 마애불

다른 주제의 마애바위들이 꽤 많이 있다.

이런 마애형태는 다른 문화권에서 보기 힘든 한민족의 고유한 전통이 아닌가 한다. 이런 마애상 이외에 발전한 것이 비석 문화이다. 이 비석은 지금도 많이 만들고 있는데, 비문을 만들어 자기 형태로 구울 수도 있는데, 북방민족들은 굳이 돌에 글을 새겨 세운다.

처음 바위그림은 부호형태였다가 한 갈래는 마애형태의 회화 형태로 가고, 다른 하나는 기록을 남기는 형태로 변하여 비문형태로 변한 것으로 보인다. 이런 맥락을 볼 때 지금으로부터 1만년 전후에 시작된 북방지역의 기록문화는 오늘날도 다양한 형태로 남아 있는 것을 볼 수 있다.

이런 현상들은 앞으로도 계속 만들어질 것이다. 그것은 사람의 생각에서 그들이 한 일들이 아주 오랫동안 기억되기를 바라기 때문에 계속하여 만들 것이기 때문이다.

한국사 연구에서 바위에 새겨진 기록들은 매우 중요하다. 흔히 5천년 한국사를 말하는데 그 중심을 어디에 둘 것인가 하는 것이다. 한국사에서 한반도가 중심이 된 것은 고려 후기부터이다. 고려 후기 원나라에 침략을 받고 고려가 서북쪽의 영토를 잃어버린 후 그곳을 되찾지 못하면서 한국사의 공간은 한반도로 줄어든 것이다. 그렇다면 고려 중기까지는 만주지역 일부가 고려의 영토였던 것을 감안하고, 고려가 지속적으로 북방지역으로 진출

하여, 발해와 고구려를 고토를 회복하고자 한 것은 바로 당시 고려인들이 입장에서 볼 때 고려의 중심활동지역이 현재의 만주지역이었기 때문이었을 것이다. 이런 인식을 볼 때 바위그림을 연구하는데 있어서 한국사의 활동무대가 어딘가부터 설정하고 연구를 해야 할 것이다. 그러므로 한반도지역으로 언제 전파가 되었는지 하는 것에 대한 연구를 하는 것이 타당하다고 본다.

이는 비단 바위그림만의 문제가 아니다. 다른 분야에서도 같은 이치라 본다. 13세기 이전까지만 해도 우리 조상들의 의식구조 속에 그들의 조상들의 활동무대는 만주지역이었지 한민족의 활동지역이 아니었던 것이다. 그러므로 한국사 전반에서 이 의식은 다시 복원돼야 할 것으로 본다.

참고문헌

蓋山林:『中國岩畵』, 上海三聯書店, 1997.

蓋山林·蓋志浩:『內蒙古岩畵的文化解釋』, 北京圖書館出版社, 2002.

蓋山林·樓宇棟:『中國岩畵』, 文物出版社, 1993.

慶州文化財研究所:『年報』, 創刊號, 96-100, 1990.

_____:「興海邑 七浦裏 遺蹟 地表調査」,『年報』, 創刊號, 1990.

國立慶州博物館:「月城郡·迎日郡 地表調査報告」,『國立博物館古蹟調査報告』, 제17책.

國立慶州博物館:「月城郡·迎日郡 地表調査報告」, 1985.

吉迪:「對中國東北赤峰遺址的格局進行考察的初步報告」,『考古與文物』, 2002年 第2期.

金永培·安承周:「扶餘 松菊裏 遼寧式銅劍出土 石棺墓」,『百濟文化』7·8輯.

金元龍:「韓國磨製石劍起源에 관한 一考察」,『白山學報』10집, 1971.

_____:「蔚州盤龜臺岩刻畵에 대하여」,『韓國考古學報』9집, 1980.

金一權:「별자리형 바위그림에 대한 고찰」,『古文化』51, 1998.

金宅圭:「韓國部落慣習史」,『韓國文化史大系』8권, 風俗. 藝術史(下)

文明大:「蔚山의 先史時代 岩刻畵」,『文化財』7호, 文化財管理局, 1973.

樸英喜:「蔚州 川前裏 岩刻畵의 製作時期에 대하여」, 석사학위논문, 1984.

박정근:「암각화연구의 성과와 문제점」,『선사와 고대』15, 2000.

宋光翼:「韓國先史岩刻畵에 대한 研究」, 계명대 석사학위논문, 1978.

宋耀良:『中國史前神格人面岩畵』, 三聯書店 上海分店出板, 1992年.

송화섭:「한반도 선사시대 기하문암각화의 유형과 성격」,『선사와 고대』5, 1993.

_____:「선사시대 암각화에 나타난 석검·석촉의 양식과 상징」,『한국고고학보』3, 1994.

_____:「한국 암각화연구의 현황과 과제」,『韓國岩刻畵研究』창간호, 1999.

有光敎一 : 「朝鮮江原道の先史時代遺物」, 『고고학雜誌』, 28-11.

王惠德·薛志强·吉迪等 : 『陰河中下遊石城的調査與硏究』, 昭烏達蒙族師專學
報, 漢文哲學社會科學版, 1998年 第4期.

李南奭 : 「靑銅器時代 韓半島 社會發展段階」, 碩士學位論文.

이융조 : 「양평 앙덕리 고인돌 발굴보고」, 『한국사연구』 11집, 1975.

李殷昌 : 「高靈 良田洞 岩畵調査略報」, 『考古美術』 112집, 韓國美術史學會,
1970.

_____ : 「高靈 良田洞 岩刻畵 調査略報-石器와 岩刻畵를 중심으로」, 『考古美
術』 112, 1971.

이하우·한형철 : 「七浦裏岩刻畵群 調査報告」, 『古城』, 浦項製鐵古文化硏究會,
1990.

_____ : 『칠포마을 바위그림』, 포철고문화연구회, 1994.

이형우 : 「바위그림이 들려주는 이야기」, 『대가야 들여다보기』, 고령군 대가야박
물관·계명대학교 한국학연구원, 1996.

_____ : 「嶺南文化의 形成과 佛敎」, 『大丘史學』 62, 2001.

_____ : 「영남지역 선사 암각화의 성격」, 『大丘史學』 76, 2004.

_____ : 「영남지역 바위구멍 새김의 성격」, 『民族文化論叢』 37, 영남대 민족문
화연구소, 2007.

임세권 : 「우리나라 선사암각화의 연대에 대하여」, 『藍史鄭在覺博士古稀紀念
考古人類學論叢』, 1988.

_____ : 「한국 선사시대 암각화의 성격」, 단국대학교 박사학위논문, 1994.

_____ : 「우리나라 마제석촉의 연구」, 『韓國史硏究』 17집, 22~30쪽 參照.

_____ : 『한국의 암각화』, 대원사, 1999.

任章赫 : 「大谷裏岩壁彫刻畵의 民俗學的 考察」, 『韓國民俗學』 24집, 1991.

任昌淳 : 『韓國金石集成』 1권, 先史時代篇, 일지사, 1984.

任學軍·邵國田 : 「尹家店山城調査簡報」, 『內蒙古文物考古』, 2000年 第2期.

張明洙：「榮州 可興洞岩刻畵와 防牌文岩刻畵의 性格考察」, 『擇窩許善道先生
停年紀』, 韓國史學論叢, 1992.

_____ : 「암각화를 통해 본 고인돌사회의 신앙양식」, 『중앙사론』8, 1995.

_____ : 「한국암각화의 文化相에 대한 연구: 신앙의 전개양상을 중심으로」, 인
하대학교 박사학위논문, 2001.

長松白 · 柳志一：「內蒙古白岔河流域岩畵調査報告」, 『文物』, 1984年 2期.

張錫洙：「盤龜臺 岩刻畵의 造形性 硏究」, 계명대 석사학위논문, 1986.

赤峰中美聯合考古硏究項目編著：『內蒙古東部-赤峰-區域考古調査階段性報
告』, 北京 : 科學出版社, 200年.

全圭泰：『韓國神話와 原初意識』, 二友出版社, 1980.

全南大博物館：『麗水 五林洞 支石墓』, 80~86쪽, 1992.

정동찬 : 『살아있는 신화 바위그림』, 혜안, 1996.

_____ : 「우리나라 선사바위 그림의 연구」, 연세대 석사학위논문, 1986

_____ : 「울주 대곡리의 선사바위그림의 연구」, 『孫寶基博士停年紀念 考古人
類學論叢』, 1988.

池健吉：「支石墓社會의 復元에 대한 一考察」, 『梨花史學硏究』.

昌原文化財硏究所：「鹹安 道項裏岩刻畵 所在 古發堀調査」, 1991.

崔光植：「대가야의 신앙과 祭儀」, 『가야사연구』, 경상북도, 1995.

한국역사민속학회 : 『한국의 암각화』, 한길사, 1996.

黃壽永 · 文明大：『盤龜臺-蔚州 岩壁刻畵』, 東國大學校博物館, 1984.

黃龍渾：「韓半島 先史時代岩刻의 製作技術과 形式分類」, 『考古美術』127호,
1975.

_____ : 「韓國先史岩刻硏究」, 경희대 박사학위논문, 1977.

_____ : 『동북아시아의 岩刻畵』, 民音社, 1987.

Arnold Hauser : 『文學과 藝術의 社會史-古代·中世篇-』, 白樂晴 譯, 創作과 批
評社, 1976.